WHAT DOES EDUCATION
MEAN TO US ?

张园勤 ◎ 著

当我们谈教育时，我们谈些什么

华东师范大学出版社
·上海·

图书在版编目(CIP)数据

当我们谈教育时,我们谈些什么/张园勤著.—上海:华东师范大学出版社,2024
ISBN 978-7-5760-4946-6

Ⅰ.①当… Ⅱ.①张… Ⅲ.①教育研究 Ⅳ.①G40-03

中国国家版本馆 CIP 数据核字(2024)第 106083 号

当我们谈教育时,我们谈些什么

著　者　张园勤
责任编辑　曾　睿
责任校对　刘伟敏
装帧设计　郝　钰

出版发行　华东师范大学出版社
社　　址　上海市中山北路3663号　邮编200062
网　　址　www.ecnupress.com.cn
电　　话　021-60821666　行政传真 021-62572105
客服电话　021-62865537　门市(邮购)电话 021-62869887
地　　址　上海市中山北路3663号华东师范大学校内先锋路口
网　　店　http://hdsdcbs.tmall.com

印　刷　者　上海华顿书刊印刷有限公司
开　　本　787毫米×1092毫米　1/16
印　　张　14.75
字　　数　168千字
版　　次　2024年12月第1版
印　　次　2025年3月第2次
书　　号　ISBN 978-7-5760-4946-6
定　　价　68.00元

出版人　王　焰

(如发现本版图书有印订质量问题,请寄回本社客服中心调换或电话021-62865537联系)

目 录

未来学校的"教育七律"(代自序) / 1

第一辑 教育的样子

教育何以安顿人才 / 2
当"新手"遭遇一所新学校 / 5
嘉德有声 / 8
织一张网,网罗教育的美好 / 11
善待学校里的三分钟 / 14
超载的班主任 / 17
小学生闯关,闯的到底是什么? / 20
"有机"教育
　——从实验教育学的角度看"绿色学生质量指标"中若干
　　指标 / 23
基于核心素养的课程融合与创新 / 28
行走山水百里间,洞悉教育二三事 / 31

教育，可以高端大气
　　——读《教师专业发展的理论取向与实现路径》有感 / 35
感受古老生命的时代脉搏 / 38
美国教师教育一瞥 / 42
探微美国"师训" / 45
论校长的教育家精神及教育家型校长 / 49
从管理到治理
　　——新建学校高质量发展的实践与探索 / 64
让九色花词典告诉你
　　——基于人文与阅读的学校文化构建 / 84
嘉德词典 / 97

第二辑　教育的可能

当我们谈教育时，我们谈些什么 / 108
"内驱力"与"空心人" / 111
儿童：另一个平行世界 / 114
校服：有趣灵魂的统一规则 / 117
"双减"的"减"与"负" / 120
教育中的"林哈德与葛笃德" / 123

智商、能力与情商
　　——以英语学科未来的理想教育为例 / 128
无规定与有品质
　　——洛克笔下的教育哲学 / 133
教室里的"物种起源" / 138
学校需要"透明感" / 141
教师：新建学校的底气 / 144
留白，为教师创新赋能 / 147
致家长：写在生命的第一个懵懂路口 / 150
守卫"儿童民族" / 153
另一个"儿童的世纪"
　　——美国芝加哥儿童博物馆见闻录 / 158
年级组长：可以直达的一线担当 / 162
校园里的三种"格物致知" / 165
评价，需要融入学校"基因" / 167

第三辑　教育的未来

"混合思维"与未来教育 / 172
未来就是此刻 / 175
"知识并不比活鱼更易保鲜" / 181

我眼中的未来学校
　　——蓝图构建的五大支点 / 184

路演,创新与创业 / 188

论若干教育的"算法" / 192

社会情绪学与德育 / 195

为未来学校培养未来教师 / 198

教研活动与波粒二象性 / 202

人工智能时代的教育 / 204

共同愿景:学校发展的永动机 / 207

校长要有"乘法思维" / 210

户外教室:让学生直面真实社会 / 213

浅议数字化转型下的绿色学业质量 / 216

后记　做一名"教育疆土"的垦荒者 / 219

未来学校的"教育七律"

(代自序)

怎样的教育才是能适应未来世界的,怎样的人是能融入未来社会的,怎样的人才是能建设未来国家的?在21世纪的今天,这样的"灵魂拷问"几乎每天都在上演。如果用现有的教育方式,想要培养出"有理想、有本领、有担当"的未来公民必定是远远不够的;但如果完全脱离传统教育,也是万万不能够的。我们需要一种更具有"未来智慧"的教育视角,在复杂而多变的世界努力培养人的好奇心、启发人的智慧、增进人的自主性和责任感,引导学生积极地、广泛地、有远见地追寻有意义的学习。

19世纪教育界的领袖人物约翰·弥尔顿·格里高利(John Milton Gregory)所著的《教育七律》是一本介绍、考察教育诸要素及教育与学习过程的永恒的经典著作,全书简明扼要地阐述了直接影响教学效果的七大重要因素。在整个过程中,只有有关思维和事实的伟大自然法则在运行,它们影响和控制着复杂的学习过程,而人类智慧正是通过这个过程来获取知识。这"七律"分别是教师、学生、共同的语言或交流媒介、一个课题或事实、教师的行为、学生的行为及复习行为。

无论身处哪个世界,何种时代,这样的"七律"可谓真理般存在。

律一:真正的教师,他们已经把希望与学生沟通的知识装在脑中。

这些知识包括适应时代发展的新知识、新技术、新技能、新思维、新方法。有些教师让学生学习新课程，甚至新学科，自己却没有做好充分的准备，或者完全没有准备，既没事先进行研究，也没有任何经验，这种情况并不少见。许多教师完全忽视了开始授课之前应该认真探明学生相应的知识储备。一个常见的错误是，无法让学生把他们知道或学过的知识应用到新领域中，无法将新知与旧知产生关联。有时候，学生还没有把上一步彻底学会，教师就尝试进行下一步。显然，教师并没有做好充分的准备。

只有当头脑可以以自己的方式自由工作时，才能产生可靠或持久的成果。教师的使命就是立于学生的思维之门，担任科学的使者和通向自然的向导，让学生的思维振作起来，投入学习当中，将有待观察、有待学习的事物呈现在他们面前，并把他们引导到正确的路径。只有拙劣的教师喜欢自己没完没了地大讲特讲，却不关注学生的想法，给他们指明道路。未来的教师，不仅要熟悉学科知识，掌握知识与知识衔接的规律，更需要懂得不同年龄孩子的大脑发展水平与心理认知水平，并以此为基础对所教授的内容进行加工与处理，这样才能体现教育作为一门单独学科的科学性。

律二：注意力集中、兴趣被唤起的学生，他们渴望学习。教师要对被教育对象有着清晰的认识，这种认识包括儿童与青少年的成长规律，认知、心理与大脑的发展规律，并且要具备"儿童视角"，以儿童为本位来思考学习者的需求。思想的本质，是一种由动机驱动的能力或力量。兴趣增长时，注意力就会提高，教学效率就会大大提升。真正的教学，并不是给予知识，而是激励学生去获取知识。教育的重要目的是获取知识和理念,以及开发能力和技艺。学生必须自行理解,否则他的知识就是徒有其名的。一名学生,如果只接受教育而不进行任何的自主学习,就好比一个人被他人喂养,却不进行任何运动,他既会失去食欲,又会失去力量。

此外,教师如果想获得最大程度的成功,就应该经常指出道德的本质,不断激发学生的道德情操。对祖国的热爱,对同学的关爱,对高尚和有益生活的渴望,对真理的追求,这些都应该是可以引起兴趣的动机。如果学生缺乏这些动机,教师就必须把它们树立起来。

律三:教师与学生两者之间真正的媒介,即一种清晰、简单、容易为双方所理解的语言。未来的教师必须用孩子能够理解并乐于接受的语言来组织教学。不仅仅是口头语言,还包括书面语言、符号语言、网络语言、图片及视频语言,与学生的沟通将不再限于线下的问答或者对话,更多的将是基于网络或者人工智能技术下的新媒介,如线上教学平台的某些互动功能,基于互联网的交际方式等。但无论哪种语言,教师如果没能把课讲得平实而易于理解,教学就是不完美的。这意味着,应该以学生的语言表达,而不只是对别人的现成描述进行复述,在许多时候,教师的表述和措辞对学生来讲很可能是完全生疏的。

律四:真正的课程,即有待交流的知识与经验。在未来社会,课堂上将不应以"教授"为主导的知识与经验传递,而更多的应该通过"交流"。有效交流的前提是教师必须做好准备。教师准备充分、梳理清晰的知识有助于给学生带来必要的信任感。如果领路人在学生希望探索的领域具有全面的知识,学生追随他时便会充满期待和喜悦;相反,若领路人无知、无能,学生便也没有兴趣,不情愿追随他。主动学习者与被动学习者,一个是从容的作用者,另一个只会机械地做事。前一个被他的功课所吸引,被他的兴趣所推动,遇到无力解答的难题或者完成任务之前,他都不会停止学习。后者只会在被催促的时候才会行动。前者就像源自一眼活泉的山间溪流,后者就像靠他人泵送灌输的沟渠。

律五:真正的教学过程,即教师激发和指导学生自主行为的过程。夸美纽斯说过:"大多数老师是在栽培植物,而不是播撒种子;他们把学生一下子领进杂乱无章的书海和鱼龙混杂的课题中,而不是着手把它们总结成最简单的原理。"一名真正的老师耕好土地,播下种子,而促进种子成长和粮食成熟是土壤的工作,要通过它自身的力量来完成。教育有它的自然法则,就像行星运行和万物生长一样。它借助一定的力量达到一定的效果,这个过程富有规律而且理所当然,就如同日出和日落带来了昼夜的更替。一名教师所做的事情,就是通过自然的力量达到一种自然的效果。

老师真正的职责是为学生的自学创造最好的条件。自然状态下的知识是分散而杂乱的,学校把一个领域中被认为最有用的经验组织起来,形成课程体系。学校让学生有条件从容、安静地学习,用书本和其他教学工具指引学生探索未知领域,为他们通往知识领地铺就道路。教师最重要的工作在于激发和引导学生们的自主行为。所有的课堂练习都要以不断激发新的活力为目的。一堂课若不是在新问题中结束,就不算成功。无论在何种教学情境下,当教师在确定学生的思维在积极工作时,要给他们时间去思考,即便在线上教学时亦是如此。在他们困惑时,要鼓励他提出问题。让学生学会问"什么""为什么"和"怎么做",也就是每个事物或原理的本质、本源和实现方法。这样的思维训练才会真正地让学生去探寻世界的真谛、万物的本源。

律六：真正的学习过程，学生逐步以自己的思维方式再现课程的过程——从开始只是一个简单的轮廓，到最后形成全面、完整的概念。学校为真正的学习创造条件。大量的研究与实践表明，如果根据能力程度来教育孩子，孩子们会不断地成长和提高；如果迫使他们接受能力范围之外的教育，他们反而会退步，这在中国古代就早有"揠苗助长"的教训。老师不可能通过让学生接受繁重的学习任务来使他们更有才智。

在未来学校，更多的是个性化的学习定制。随着现有的脑神经科学、心理学的研究进程发展，我相信未来教育一定能实现为每一位学生定制学习目标、学习内容与学习任务。学校要做的，应该是确保这些个性化的学习过程能真正地发生、实现，作用于每个学生个体，并给予适时的帮助。

律七：对学过的课题进行真正的复习，测验、校正、完善、关联、确认和应用。学习之后的复习巩固是检测学习者是否真正掌握所学内容的必要步骤。未来教育尽管强调个性化，但基本的标准与要求肯定不会缺失。教师应该要确保学生将所学的知识能放在未来生活场景中去应用。

纵观教育两百年，规律似乎早就出现。无论科学如何发展，真理一如当初固若金汤，放眼未来，教学之韵律，依旧需要广大教育者们一以贯之，世世代代地传承与传递。

第一辑
教育的样子

教育何以安顿人才

"千秋基业,人才为本",习近平总书记这八个字谈的虽是治国理政,却也同样适用于教育领域。"十年树木,百年树人",比起其他行业,教育最大的特殊性就在于不能急功近利,而是"时光不语,静待花开"。世界经济论坛创始人兼执行主席克劳斯·施瓦布在其撰写的《第四次工业革命》一书中写道:"在当今科技飞速发展的新时代,中国制订了国民经济和社会发展第十三个五年规划,充分具备了成为时代先锋和全球领头羊的条件。教育、创新与企业家精神将成为推动进步的关键引擎。"纵览《上海教育》头条全文,不得不说松江教育可谓深谙此道。

关于人才的定义,自古就有"治国经邦,人才为急"这样的说法。若想取得优质的教育,必定需要优秀人才。十年来,松江教育招聘及引进数千名新教师,这些高学历、高层次的年轻人是松江教育一道亮丽的风景线。面对如此庞大的队伍,松江教育推出了"强师兴教"三年行动计划,立足全区视角谋篇布局,打造人才梯队,既为教育一线保障队伍的稳步成熟,又为各级管理人才库源源不断地蓄水保墒。

"全球化时代,城市何以安顿我们",这是《城市的精神》一书的副标题。如何吸引高学历高层次人才扎根松江,让松江这片快速发展的区域安顿好每一位教师,松江教育在人才战略上有着独到的眼光与前瞻性。只有让教师"安居乐业",才能稳定队伍。于是松江教育筑巢引凤,推出了"人才安居"工程来保障人才住房刚需。松江区坚持"引得进，留得住，用得好"的教育人才总体战略，在区委、区政府的大力支持下，区人才办设立专项教育人才激励资金，用于人才安居工程建设和骨干教师队伍培养。这些措施有效解决了新引进教师面临的安居难题，激发了教师队伍钻研专业的进取动力，极大提高了松江教师的岗位吸引力与稳定度。在新一轮"强师兴教"行动计划中，松江教育与相关部门积极协调，盘活存量资源，完善教师安居工程，落实安居工程激励资金，为新入职无房教师提供过渡宿舍，拓展人才公寓供应规模，有序推进共有产权房政策面向松江教师落地。

"安居"得以保障，"乐业"方兴未艾。人才虽高，不务学问，不能致圣。因此，做好教师的培养是将高学历人才引进之后的又一个重要命题。松江教育局局长陈小华在接受采访时说"敬业精神"和"专业素养"是两个重要的指标，因此在六个方面寻求突破：整体队伍信念坚定、干部队伍奋发有为、骨干教师搭建平台、青年教师关注成长、教研团队着力打造、人才激励完善机制。

唯才是举，任人唯贤。除了培养好人，用好人更是管理智慧的体现。松江教育通过"全员竞聘上岗"和"集团化办学"的举措，盘活了全区师资的流通渠道。关于"竞聘上岗"，松江教育人都不陌生，松江曾首先试行了校级领导竞聘上岗制度，2017年年底开始更是将这项改革下移到各个基层学校，带来了不小的震动。但随着阵痛过去，留下的却是队伍结构更合理、素质更优质的师资团队，全区教育质量又或将提升一个高度。

"强师兴教"行动计划，不仅体现出松江教育对全区师资队伍的管理哲学，同时也是一个动态的实施过程，而不是一个静态的"文本"。作为为培养年轻教师专属打造的"青年教师素质训练营"第一期的学员,到成为教坛新秀、学科名师、首席教师,我亲历了"强师兴教"的这十年,见证了它的不断成长与成熟。

克劳斯·施瓦布认为"现代企业管理不仅要为股东服务,也应兼顾所有相关方的利益,才可实现基业长青"。如果放在教育领域,可以理解为现代教育人才战略不仅要为受教育者服务,也应兼顾所有相关方的利益,尤其是所有教育者的利益。我认为松江教育在此方面有着丰富的实践经验,更有着可期待的深谋远虑。

当"新手"遭遇一所新学校

2014年7月,我通过竞聘担任松江区九亭第四小学校长一职。面对一所操场尚未完工的新办小学和一群刚毕业的新教师,我迅速调整状态进入岗位角色,和新组建的校级班子共同迎接挑战,梳理思路、制订规划。

理想中的九亭四小,究竟应该是什么样子呢?这是我一直在思考的问题。在两年的不断摸索与实践中,答案渐渐明晰:这里应该是一所孩子的学习乐园、一片教师的成长沃土、一个梦想的理想摇篮。为了实现这三个目标,作为一个"新手"校长必须找准定位,努力将对自身的要求去适应学校的发展目标。

首先,校长作为一名"超级教师",必须具有扎实的专业功底与广博的人文素养。这包括本学科的专业话语权、对不同学科的认识与指导,以及对教育本质的深刻理解。作为区小学英语首席教师,我不仅在区级层面上负责小学英语骨干教师专业发展共同体的各项工作,在学校里也开设了自己的"三E"工作室,以课程建设为切入口,努力培养本校骨干教师。自2008年以来,我不间断地在上海《青年报》"海派作家"版面发表专栏文章,后又在《上海教育》(环球教育时讯)期刊上开辟"悦读"专栏,主要对世界其他国家的教育专著发表一些个人的阅读体会。2014年,我的第一本随笔集也由广西师范大学出版社出版。因为对阅读,对人文社科、自然科学等领域的热爱,在九亭四小,我们开展了"百万富翁"阅读挑战赛、N.H.儿童博物学课程等一系列激发学生阅读兴趣、保持探索世界好奇心的课程。

其次,校长作为学校发展的顶层设计者,必须具有开阔的视野以及前瞻性的思维。未来就在面前,教育要变革,学生的学习方式、教师的教学方式、学业的评价方式等都要进行相应的更新设计。为此,我们开始试点"云课堂"模式,首次将校本儿童博物学课程与美术学科相结合,为四小学生量身打造了富有特色的数字化课堂。又如学校 A&M 课程,是融合艺术鉴赏、信息技术操作能力、演讲技巧于一体的特色课程。此外,作为区"数字化校园"试点学校,创新实验室、智慧图书馆等一系列项目都需要校长牵头的"智库"共同去完成,如果没有对未来教育的思考,没有全球化意识以及对国际前瞻理念的学习与思考,是无法驾驭这瞬息万变的时代的。眼观未来,同时要传承、融合、本土化,这对学校管理者来说提出了更高的要求。

再次,作为一名年轻的校长,一定要具备强大的学习力。学校管理是一个流动的过程,有时候不仅要"管",更需要"理"。办学成效是一个多维度的综合指标,它不仅包括学生、家长、社区对学校的认可与赞赏,来自学校内部的价值认同也同样重要。在这个过程中,我努力学习如何引领教师团队朝着共同的目标前行,"凝心聚力"是一门深厚的学问。记得刚担任正职校长之时,就有前辈给我忠告:做好一名称职校长的基础就是要巧妙地处理好"人、财、物"三者之间的关系。尽管有人说"一个好校长就是一所好学校",但两年来,我感触最深的就是"学校不是校长一个人的学校,而是一个团队共生共赢的生命体"。校长的办学理念要落地,绝对不能"一意孤行",而是要尽量营造民主和谐的工作氛围,打造热情高效的工作模式,让全体教职员工获得参与管理学校事务的权利。一要"体恤民情",时刻了解老师们最真实的想法与需求,在工作中为他们搭建专业成长的平台,在生活上尽量帮助他们排忧解难;二要在制订学校发展规划和各类工作计划的时候,整合多方意见,用集体智慧来达成共同愿景。

最后,作为一校之长,要保持一颗坚韧而无惧的心,这也是构成领导者人格魅力的重要品质。在处理各种复杂关系的时候,校长往往会被误解、被憎恨甚至被攻击。当面对这些揪心的处境之时,保持内心的强大与理性的思辨能力尤为重要。我觉得核心素养中的批判性思维与问题解决能力,同样适用于我。同一件事,要用多维的角度去审视,如换位思考、质疑与反思;同时,也要迅速找到问题的症结,必要时放低姿态,补足短板。如何在短时间内"立校"?学校各项工作必须齐头并进,课程、课堂、师训、教科研等多驾马车必须轰隆隆地向前飞驰。短短两年间,我们收获了孩子们的欢愉笑脸与良好的外部形象。但我们年轻的老师们却显得有些身心疲惫。我并不希望以牺牲教师身心健康为代价而谋求发展,于是我马上采取了教师谈心、项目总结会、意见听取会等一系列"聆听与诉说"行动。在和老师们一对一的沟通过程中对学校的办学理念、培养目标、未来前景以及自身的教育理想与教育情怀等进行了互动与交流。这次的教训对我来说是深刻的,也让我对"以人为本"的定义有了重新的认识。同时也提醒自己在今后的工作中还需要注意张弛有度、掌握良性发展的节奏。

嘉德有声

很久以来,一直有教育理想国的梦想。所谓理想国,或许类似柏拉图缔造的那一座乌托邦,但又不限于此。至于教育,很幸运地,我接管过两所学校,从彷徨茫茫然到披荆斩棘开辟道路,华丽转身的背后也悟出了一些不成型的教育之道。华政附校,正是我小试牛刀之后的第二座理想国。如何在短时间内获得学生、教师、家长、社会的多方认可,对于一所新建学校而言必须上下齐心、凝心聚力、心无旁骛地往前走。如何做到人心稳定,令办学目标得到众人认可,令华政附校成为人人向往之地,学校则必须具备独特且强大的气场。这种气场从何而来,又如何成为学校稳定、长远发展的"保护罩",这也是我一直以来正在探索与努力发现的。

我理想中的学校,人是善良的人,健康的人,智慧的人;人做的事是正确的事,对自己和他人都有利的事,务实而不空虚的事;景象是蓬勃的景象,和谐的景象,向上向美的景象。所有的人和事都在景象里融为一体,运转,交织,展示与分享生命的美好,成为人类历史之轴中耀眼的坐标。优良的学校文化是学校的隐藏财富。在制度文化、物质文化及精神文化中,精神文化是综合实力的核心。只有一所人心向上、齐心协力、相互尊重与欣赏、相互理解与包容、处处充满正能量的学校才是一所充满希望与生命力的学校。

嘉，美好；德，品德；嘉德，美好的品德，是做人之本，是教育真谛。嘉，亦是嘉奖；嘉德，亦是为高尚的道德情操褒奖，彰显我们的价值认同。嘉德有声，她是一份会说话的刊物，她讲真、讲善、讲美。她讲述一切关于华政附校的故事，教师的敬业与治教，学子的勤勉与治学。她的讲述，我们听得见。她用文字，用图片，用数字，传递给我们教育的温度。这既是对每一次付出与收获的肯定，也是对每一位师生知与行的赞赏。

让每一个人遇见最好的自己，是我们的办学理念，也是我们美好的精神寄托。世上本没有随意的成功，所谓的机遇也只会垂青有充分准备的人。如何才能遇见最好的自己，是命题，更是思考。为此，我们学习，探索，发现，实践。继而又不断尝试，反思，完善。

让知道成为做到——我们的校训，这是一个浅显而直白的道理，真正落地却并不容易。何为知道？道理都懂，即便不懂，老师教了也会懂。何为做到？即从我做起，从下一秒做起，为目标而行动却又要约束于行。两者结合起来却真正考量我们的办学能力。要发展，必须要有行动力；而优质的行动力离不开智慧与自律，智慧要依托师者的培养与开发，自律需要师者的引导与示范。知行合一，至真道理。

嘉德有声，原本是我们学校的一本校刊的名称，但不止于校刊。她承载着传播与传承华政附校学校文化的使命，让我们了解这所学校，熟悉学校里的人，知晓学校里的事，看见学校里的景象。

四年前，为了让华政附校这所新办学校迅速打开局面，我们制定了两项主要发展策略：一是加大宣传力度，让社会广泛知晓学校的办学理念与办学成效，良好的宣传能加快学校的影响力；二是狠抓学校三风，即学风、校风、教风。一所学校,唯具有独特、良好的气质,才能产生巨大的磁场,吸引优秀师资,吸引优秀生源,为学校今后的一切教育活动提供稳定、充满正能量的基础。创业之难我熟悉。但我想,我们总会有办法做好一切关于教育的事情。

织一张网,网罗教育的美好

比起纷杂的社会,学校似乎是一方净土。纯洁与率真与其他行业相比必定略高一筹,但毋庸置疑的是,学校也有复杂性。作为管理者,不仅要有洞察力与决策力,更需要治理力。

凡事预则立,不预则废。要有条不紊地推进一所学校的发展,作为管理者必须思路清晰、目标明确、信念坚定、执行到位,让计划真正落地,实现价值。我一直认为一所好学校的重要指标是:是否具有一支好的师资队伍。对学校而言,教师是第一生产力。如何做到"以人为本",真正关注教师的需求,是核心,也是关键。作为校长,就是师生的"首席服务官",为广大学生和教师提供最好的学习与工作环境、搭建最好的发展与成长平台,责无旁贷。坚持以儿童视角作为工作起点,为每位学生提供与之匹配的教育也一直是我的追求。

在教师专业发展方面,学校可以打造"卓越教师"计划,通过面向新教师的蓓蕾工程、中青年教师的青蓝工程、中老年教师的桃李工程等为抓手,将校本教研作为主阵地,满足不同阶段教师的不同需求。对新入职的教师,当年的暑期集训不可或缺。为了将培训效果最大化,要尽早做好方案、研发培训课程,立足新教师的实际需求,以问题导向和实践操作为重点,助力广大新教师做好应对新学期的准备。对成熟型的教师,认真观察每位教师的特点与优势,尽可能发挥其在团队中的作用,或引领或辐射或为榜样,并为他们将来的职业发展提供各种学习机会。

为教师搭建展示的舞台,提供"发声"的机会,令他们的教学经验、思想、主张、困惑能得到传递的渠道,让他们能将自己在工作与生活中收获的喜悦、烦恼、忧愁、骄傲得到发泄的途径,并努力做到领导关心、同伴互助、资源共享。如打造"班主任论坛""教研组风采展示"等,让老师在彼此经验交流中获得自身价值的实现。

为教师创设公正公平的工作环境是让每个教师有获得感的重要保障,要尽可能针对不同的教师群体,合理地安排每位教师的工作量与学习机会;同时绩效工资也本着"多劳多得、优劳多得"的分配原则,为教师提供利益保障。

为学生提供公平、均衡的优质教育,也是学校管理者力求的目标。指向学生的终身发展是优秀教师所追求的教育观。合力所致便是坚持学生视角,注重学生发展规律,为学生设计量身定制的学习方案,增强过程体验,重视学习效果,注重学生的思想建设、心理健康与行为规范,关注其未来的社会发展性,提供道德维度的保障。

学校应该在每一位老师的参与及配合下,如同植物一样向阳而生、蓬勃生长。当然,在学校管理的过程中也会遇到一些挑战与困难。新教师的培养与发展,成熟教师的价值感打造,绩效工资的考核与申诉,课程建设特色的鲜明化,学校培养目标的细化深化,学生的综合评价等,都需要在实践中作进一步的思考、探索与完善。

对校长而言,办学校如同创业,即使前路充满了荆棘与挑战,也要开拓前行、勇往直前。我们不是孤军奋战,在每个人的背后都有学校的支持、组室的关怀、同伴的帮助、学生的配合、家长的鼓励、社会的关注。这一切都将交织成一张人与人情感缔结的网,当你无助时,它会包裹你,让你温暖;当你跌落时,它会兜住你,让你安全着陆;当你成为其中一员时,学校将拥抱你,彼此成为一个整体。此时,我相信我们将所向披靡,网罗世间与校园一切的美好。

善待学校里的三分钟

在华东政法大学附属松江实验学校，上午第一节课小学从 8:21 开始，初中则始于 8:11，教职工的上班时间是 7:29。校内的作息表上时间既没有整点，也没有半点，甚至连一刻或者三刻这样的时间安排都没有。因为我认为生命中的每一分钟都是平等的，人们只不过是为了便于记忆才会把自己认为重要的事件安排在整点或半点，但时间本身并不会因为被安排到整点或半点而变得高级半分。

生命中的每一分钟都值得被认真对待，精确到分钟的个体生命时长也是独一无二的。人的一生又几乎有 9—19 年不等的受教育年限，如果遇到一个擅长学习又热衷学术的人的话，那么从学前班算起到博士毕业的话，正常情况下至少也需要 20 多年，几乎占据了生命的 1/4，按照分钟来算，足足 10 512 000 分钟，真是蔚为壮观。看来，善待在学校里的每一分钟本质上是善待求学阶段的生命。

有一位医院临终关怀部的医生采访过很多生命即将走到尽头的病人，他们或者遭受了恶疾的折磨，或者行将自然死亡，医生问他们此生最大的遗憾是什么？几乎所有人都对自己所拥有的财富、社会身份只字不提，而是因没有善待生命中的那些重要的人——父母、子女、爱人、朋友而后悔不已；其次是因年少时期没有好好学习与努力拼搏感到痛心遗憾。有种哲学观点认为生命的本质就是人与人之间的关系，它是你作为一个社会人的交往基础。学校里的人际关系其实不多也不复杂,只有师生关系、同学关系以及同事关系。良好的人际关系能令人受益终身。要珍惜这三种关系,其最核心的要义便是"尊重"。一个尊敬师长,尊重同学、同事的人,也必将获得他人的尊重。因此在学校里的第一分钟,要时刻尊重他人。

清华大学的体育馆外面写了一行大字"为祖国健康工作五十年",这所国内顶级大学时刻将学生的身体素养作为重要工作来抓,震惊之余更多的是感叹。"无体育不清华"绝不是空穴来风,而是长久以来这所大学的管理者们承载培养国家栋梁责任与使命的一个远见缩影。在校的第二分钟,关注身体、关照头脑势在必行。培养一个优秀的学生,首先要培养其优秀的体魄与灵魂。身心健康是人才的物质基础。有种有趣的说法,有些学者认为肠胃是人类的第二大脑。貌似毫不相干,实则不无道理。胃肠道不是简单的由肌肉和黏膜组成的管道,而是在复杂的神经系统支配下发挥功能的一个整体,可见精神疾病有时候还真不是简单的大脑问题。

第三分钟,要找到学习的"燃点",为点亮生命作未来储备。在整体物质水平提升的时代,如果正确引导缺失,学生的学习动机或者说学习内驱力会变得非常虚弱。考试季将至,面对各种慷慨激昂口号声响起的誓师大会现场,令人有种误入传销大会的错觉。真正高级的影响力应该是润物细无声——来自书籍、师长与同伴的影响力。就书籍而言,名人传记是不错的选择,通过阅读了解成功者的生活历程,孩子会受到很大的启发与激励。"师长"包含了两层意思——教师和长辈,分别代表了学校教育和家庭教育。目前普遍认为家庭教育对人的影响要比学校影响更大一些,近年来"原生家庭"话题的热议也证明了这点。同伴的影响力就更不用说,无论是古代的孟母三迁,还是现代的择校热都说明了个人在群体中的同化,在价值判断与取向上都将与同伴接近。

  成长是一个过程,也是一种能力,它需要时间。人是需要终身成长的,这种成长不仅是生理上的,更是对个体生命定位的探寻——建构不断认识自我、认识世界的能力。珍惜好这"三分钟",即善待生命。

超载的班主任

最近一段时间,我总能看到某位愁眉苦脸的班主任出现在教学走廊、政教处办公室、门口接待处、电梯里、会议室……她或是面色苍白,面容憔悴;或是目中无光,眉头紧锁;或者眼中含泪,浑身颤抖。而我遇到她的时候不是清晨、午间,就是在放学后,甚至是深夜。她看到我欲言又止,神情无助,想要诉说些什么,又不知道从何说起。此类现象出现的次数越来越多,但原因单一,那就是她又遇到了难以应对的家长。

不知从何时起,学校里的年轻教师,尤其是新教师被部分家长随意拿捏,肆意挑衅,所谓的"尊师重道""师道尊严"等中国传统文化词汇,在一小撮家长的人文词典里无迹可寻。尽管当今教育事业已被视为面向全民的教育服务,做"让老百姓满意的教育"成为学校的时代口号,但我认为教师不能随意被指使、随便践踏。他们作为专业技术人员,兼具知识分子与教育工作者的双重性质,是提供复杂劳动的专业从业者。中国传统知识分子的风骨,教育者的大爱与奉献,在诸多教育楷模身上展示得淋漓尽致,也被广为传颂。但一些不和谐的现象频出,何以至此?我认为原因有三。

其一,受教育程度之间的错位对接。当代家长普遍受教育程度较高,随着大量新阶层人士的出现,高学历家长已成为很多学校里家委会的主导力量。这类人群有着学历自信、教育自信、基因自信。基于聊教育话题这个门槛之低,几乎每个人都能侃侃而谈,所以他们往往以自己的一己之见、成长经历、道听途说、管中窥豹来以"教育行家"自诩,指挥老师,指挥学校,甚至为建立自己的权威,与班主任形成对峙的力量。然而,他们或许太轻视教师了,作为专业教职人员,每一位教师接受过同样的高等教育及相匹配的专业训练。同样是高知,但在某些教育理念、观点与方法上则会不可避免地产生"错位",这种错位原本可以通过知识互补、有效沟通来对接,然而可惜的是,并不能完全说服所有一意孤行的家长。

其二,传统美德的弱化与被取代。"天地君亲师"作为中国传统文化的至真名言在数千年的文明史中有着不可取代的地位。对"师者"的尊重是儒家文化的精髓,这亦是需要传承与发扬的美德。但随着年轻一代家长的出现,对传统的挑战与违背成为这一代家长的"条件反射"。他们不会主动与教师打招呼,当辛苦了一天的老师把班级队伍带出校门时,他们只关心自家孩子肚子饿不饿,而无视站在一旁的班主任。而一旦发现孩子衣领上出现了一道水彩笔污渍,或者膝盖上出现了一小块红肿瘀青,他们便立马一个箭步冲上前,质问老师:这是怎么回事?脏衣服的干洗费谁来出?学生摔跤了老师当时在干什么?为什么没有第一时间打电话通知?究竟是哪个学生用水彩笔干的"好事"?又是哪个顽皮的学生故意伸出脚绊倒了我家的孩子?让对方家长来赔礼道歉!让校长出来解释!我要报警!此类"名场面"几乎在每所学校都会上演,教师在此刻屈辱得不再像个教书育人的老师。随意践踏师道尊严,恣意扰乱正常的学校工作秩序的现象频繁发生,使我们深深地陷入了困惑。

其三,对教育不利的环境影响"迁移混乱"。教育内卷"制造"了一大批焦虑的家长,我见过很多"剧场效应"下首先站起来的"第一排"家长,也与很多在后排想站已经站不起来的家长做过心理疏导。曾语重心长地与那些"下了一个蛋,拼命让它飞,却怎么飞也飞不起来"的家长促膝长谈,甚至有时候我作为两个孩子的母亲,也同样身不由己地卷入其中,痛苦不堪。我与几个同事交流,大家甚至都动过"不如当初没生孩子"的可怕念头。教育的围墙内外已被一种隐性压抑而又影响巨大的力量深深笼罩。这种扭曲力量的形成绝非一朝一夕,若要消除同样不能依靠"指日可待"。除此之外,我认为媒体对校园欺凌的社会影响已通过学生与家长的"维权意识"狠狠地作用于学校。文章开头的班主任画像,不是一位两位,而是一个群体。一件件原本在孩子成长过程中遇到的事情,被某些家长生生地上升为"教学事故",一定是"校园欺凌",一定是"教师体罚",一定是"班主任缺位"。

当我在班主任会议上给年轻班主任们上"家校沟通艺术"培训的时候,谁来为家长们进行培训呢?学校并非专业成人办学机构,开展的家长学校课堂业余且零星,提供的家庭教育指导能量有限、收效甚微。真希望部分家长收起自信,重拾传统美德,重塑三观。但我又会告诉老师们,光"校园欺凌"这一项,就应该是全社会共 11 个部门的联手治理。教育工作者固然伟大,但个人的时间与精力毕竟是有限的;学校固然是国家教育事业的主阵地,但学校的工作与责任也并无边界。当我见到那一位位无助、无法声张,情绪低落而又不得不收拾心情站上讲台的班主任们,我真想抱抱他们,再说一句,让他去。

小学生闯关，闯的到底是什么？

每一学年的期末，每所上海的小学几乎都会进行精彩纷呈、种类繁多的闯关活动，"智力大冲浪""丛林大探险""未来穿梭者"……看似热闹的背后，其实并不简单。

2014年9月1日，九亭第四小学正式迎来了它的第一批学生，340名一年级新生。同一天，上海开始推行小学阶段的"基于课程标准的教学与评价"，即"零起点"教学、"等第制"评价。要求教师不能随意拔高教学和评价要求，不能随意加快教学进度。改变以往评价只关注学生成绩的做法，对学生采取等第制和评语相结合的评价方式，学业成绩、学习表现、学习动力等评价结果采用等第表达，并从学习态度、学习习惯、知识理解、学习能力等方面选择若干要素进行评语描述。据此，我们开始一次关于评价变革的全新尝试，作为首任校长的我也开始思考如何用新理念取代旧观念，并带领教师们一起探讨这个新命题。

闯关，看似是一种游戏，它紧张、有趣、新颖，充满着未知与惊喜，全程能顺利通关的话需要挑战者具有一定的知识储备、熟练的技能与方法以及良好的心理素质。这对小学生来说并不容易。为什么这么多学校都选择这种评价方式，不仅因为形式受到孩子们的喜欢，其评价的边界也较为模糊，不会"分分计较"，即便失败了也会在教师的鼓励下再做尝试，直至成功。挑战者没有巨大的心理负担，还能享受收获成功的快乐。

如果要深度理解闯关活动开展的逻辑起点的话,我们则需要思考:为了更好地适应学校,儿童应该准备些什么,学校教育和家庭应该关注些什么?为了迎接未来的高挑战性环境、终身的学习与发展,儿童应该具备些什么?

首先是对坚守儿童立场的理性回应。20世纪80年代,美国曾评选"儿童给成人的忠告",一共十句,其中第一句就是——"我的手很小,请不要往上面放太多的东西。"而我们的现状是不仅放得"多",而且放得"快"。在希腊文中,"学校"一词的意思是闲暇。或许在希腊人眼里,教育就是享受一种闲适,孩子有充裕的时间体会和思考,才能自由而充分地获得心智能力的发展。

"零起点"教学的有效实施需要学校立足儿童立场,摒弃急功近利,求得教育的自然,学校应理性作为。教育教学是"慢"的艺术,一个孩子的成长,要好多年,教育儿童需要有种树人的那份耐心,懂得等候。当学校有了这样的耕种情怀,孩子们就会有审美的眼睛,就会感受到自然的美、生活的美,内心也就随之丰富起来。

其次是对儿童科学发展规律的尊重。面对340名一年级新生,我们不禁提问,他们究竟有没有做好准备成为一名小学生呢?权威研究告诉我们,儿童必须具备学习基础素养才能更好地适应学校,有三大领域,一是学习能力,覆盖阅读能力、表达能力、识记能力、数学能力等方面,并在学习能力中特别强调学生的思维与策略的灵活性,这些是未来学生创造力的萌芽;二是学习品质,指向有效学习任务完成的动力与监控系统,如好奇心、专注、计划性等;三是身心健康、支持学习发生的身心保障,包括身体健康、运动能力、社会能力等。

再次是为培养学生核心素养打下基础。国际上共同关注的核心素养主要集中在身心健康、社会责任、合作与交流、创造性与问题解决、自我管理等方面。比如,儿童在幼儿期如果有良好的延迟满足的经历,执行能力的发展,他就会逐渐形成对自己行为和情绪的调节,在上学时就体现为更自觉的、自我调节的学习,在未来工作中就很可能显出谨慎负责做事的态度和倾向性,表现为对自我进行良好管理的能力。有大量证据表明,如果按照发展进程来教儿童学习,将会对儿童后续学业能力和成就产生重要影响,而且能够很好地呵护儿童的好奇心、探索欲、坚持性等重要的学习品质。

最后是对等第制评价的充分理解。等第制评价是一种基于课程标准的评价方式,可以让教师、家长模糊对分数的观念,淡化对分数的重视程度,转而更多地关注学生的综合发展。等第制评价不仅评价学生的认知,而且还评价学生的情意、技能与价值观等多个方面。评价的内容从学业成绩扩大到学生发展的各个方面,使评价更加全面科学。教育部早在2000年就印发了《关于在小学减轻学生过重学业负担的紧急通知》,明确规定小学生学业成绩评定实行等第制,取消百分制。等第制评价有利于学生的健康发展、有利于教学观念的转变、有利于竞争观念的弱化。

看似是小学生的闯关,实则对学校、教师而言也是一种巨大的挑战。从中我们能看到一种多视角的评价观,基于儿童,基于成人,基于国家,基于整个人类。

"有机"教育

——从实验教育学的角度看"绿色学业质量指标"中若干指标

2011年,上海市教育委员会颁布了《上海市中小学生学业质量绿色指标(试行)》的实施意见。这十项指标内容包括:学生学业水平指数、学生学习动力指数、学生学业负担指数、师生关系指数、教师教学方式指数、校长课程领导力指数、学生社会经济背景对学业成绩的影响指数、学生品德行为指数、身心健康指数以及上述各项指标的跨年度进步指数。拉伊(Wilhelm August Lay,1862—1926)是德国教育家,他撰写的《实验教育学》(*Experimentelle Didaktik*)一书于1908年出版,被翻译成多种语言,是实验教育学的鼻祖。实验教育学力图按照生物学、生理学、心理学、社会学以及道德和伦理学的规律和规范,通过实验、统计和系统地观察,以解决教育和教学中的问题。在当时,实验教育学作为一种新的教育学,与旧的教学的主要区别是它们积累经验的方式和研究的方法。它不仅要研究儿童或学生的心理,而且要研究与他们相关的生物的、人类的、卫生的、经济的、逻辑的、伦理的、审美的和宗教的以及社会环境。拉伊指出,作为教育学的实验教学包括个体教育学、自然教育学、社会教育学三个组成部分。

个体教育学是探讨个体方面的教育,即探讨遗传的能量和种族的特性。它以个体素质和天赋为研究对象。具体来说,个体教育学的内容包括：遗传、禀赋及其相互关系；发育上的差异、变化及其相互关系等。近几年来，上海市教委一直倡导"随班就读"政策。随班就读是指特殊儿童在普通教育机构中和普通儿童一起接受教育的一种教育形式。对随班就读的学生除了按普通教育的基本要求教育外，还要针对随读生的特殊要求提供有针对性的特殊教育和服务，对他们进行必要的康复和补偿训练，努力使他们和其他正常学生一样学会做人、学会求知、学会创造等，让他们今后自立、平等地参与社会生活。笔者在美国学习期间，曾到当地的公立学校考察，发现当地的一些学校会专门为学校里的特殊孩子（如肢体或智力障碍）配置专门的学习场所和师资，几乎是一对一地进行授课。当然，这些孩子不会到正常的教学班级里上课，他们享有特殊的待遇。也有一些公立学校会配备1—2名专门的辅导教师（类似我国的专职心理辅导教师，但职责又不尽然相同），对学业困难或者行为偏差的学生进行全天候跟踪式的"陪读"，上课观察其表现，找到不足及薄弱点，课后再进行针对性的辅导。目前在上海市，已经对这些"随班就读"的孩子给予了高度的重视。如一系列政策的出台，"资源教室"建设等措施的落地，意识超前的学校也在鼓励专职心理教师进行个案观察、研究和辅导，尽可能保证每个孩子受到公正、适合的教育。

　　自然教育学探讨来自自然环境的因素，以及影响儿童发展的那些外部刺激。例如，自然和生活环境中的因素对儿童身心发展的作用、对遗传的特性和教育中的个体因素的影响以及对社会生活中获得的各种能力的影响等。社会教育学探讨来源于社会生活环境的因素及其对儿童身心发展的影响。因为正是这些因素发展了儿童的社会特性。在这些因素中，包括父母的经济地位和社会地位、睡眠时间、父母酗酒、工业部门雇佣童工以及学校里的教学等。这些理论都和"学业质量绿色指标"中若干项指标不谋而合,也正因如此,市教委每年一次对四年级和九年级的样本测试,也和实验教育学需要按照生物学、生理学、心理学、社会学以及道德和伦理学的规律,通过实验、统计和系统的观察,以解决教育和教学中的问题的要求高度统一。

拉伊指出,现代学校存在着许多弊病,其原因在于:各门科目之间不协调、各种活动之间缺乏相关性以及由此而造成浪费和削弱了学生的能量。他也提出了方法,为了克服这些弊病,必须用"活动"的学校代替"文字"和"书本"的学校,同时必须用有机的课程代替各门科目堆积而成的课程。

当时所谓的"有机"课程,包括事物的刺激、心智的同化以及形式的反映三个方面,也就是将观察中得到的印象、记忆、想象、情绪和理智以及通过呈现所做出的表现进行整合。在活动的学校中,各门科目相互联系并构成一个有机整体。如何做到有机整合,就是让科目如同细胞一样,具有生命力,同时作用于学习者的主题。从事实教学,包括自然科目和文化科目,这是教学的入手,然后通过形式教学,包括三维的表现,数学、语文、音乐、韵律和自我表现等途径。这也让我想起了现在比较流行的关于"学科融合"的概念,其实早在19世纪就已经初露端倪。

我尝试用更通俗的语言来对拉伊的关于"有机"课程进行解释。可以先就几个概念进行界定。拉伊认为,自然科目包括自然史、自然科学、地理、天文等;文化科目包括历史学、政治学、经济学、社会学、心理学、逻辑学、道德与宗教教学、教育科学等;三维的表现包括塑模、实验、植物栽培、动物饲养、手工等;数学的表现包括机械制图、几何学、算数等;语文的表现包括说话、阅读、写字、背诵、作文等;绘画的表现包括透视、速写;音乐的表现包括唱歌等;韵律的表现包括戏剧、游泳、舞蹈、体操等。我认为,这些学科在一定条件及要求下,都是可以自由组合的。比如,可以通过植物栽培来学习自然史并通过作文把学习成果撰写出来;也可以通过手工来学习地理(如制作一个地球仪),并通过戏剧编排将整个学习过程以舞台剧的形式表现出来。当然,这不仅需要教育者拥有博学的知识,还要根据教育目标与要求融会贯通地使用,教会学生真正有用的生存方式(如知识与技能)、道德情操(如正确的世界观、公民概念等)和审美能力(如艺术鉴赏力和表达力),乃至对待生命与世界的态度,最后一点将直接导致人类未来的发展走向。

关于学科融合的具体做法,可以先尝试进行"联合教研"。即以年级组为教研单位,联合语文、数学、英语、音乐、体育、美术、探究、品社、自然学科和信息科技等教师共同就同一年级的教育教学工作进行专场研讨。这样的研修在同一教育对象群体的基础上打通了学科之间的壁垒。让不同学科的老师了解学生在不同学科中正在学习一些怎样的知识与技能,以及了解同行们正以何种标准、何种方法开展教学工作。除了融合与整合不同国家的课程之外,学校也可以自行探索,建设一批适合本校学生发展、教师专业提升、学校特色彰显的校本课程。如我校在三 E 课程大框架下,尝试构建的 A&M 课程、儿童通识课程。三 E 课程是我校的统领课程,所谓的三 E 是学校办学理念"每一个孩子,每一个机会,每一天"(Every child, every chance, every day)英文翻译的首字母缩写,分别涉及了基础型课程、拓展型课程和探究型课程三个领域。科学地梳理核心素养与学生实际需求以及学校变革需要之间的关系。将儿童通识课程中的博物学课程、创新实验室、云课堂等项目进一步深化,加大实践研究的力度,借助"智慧校园"(校园信息化)项目为未来信息化课堂模式及想象提供更多的可能性。在编制"有机课程"时,要注意以不同的方式评价、联络、选择和分配学校中的诸多科目;同时要注意观察和表现之间有螺旋形的关系,即它们在内容上和时间上的紧密联系。

只有课程"有机"了,学习才有"有机"的可能性,学生才能接受健康、无公害、"绿色""有机"的教育。我想,"绿色学业指标"中的"绿色"一词应该也是渊源于此。当然,由于篇幅受限,本文中涉及的"绿色学业指标"中的相关指标,也注重在校长课程领导力带动下的教师教学方式变革等其他诸多因素,此文暂且不表。

基于核心素养的课程融合与创新

核心素养是信息时代和创新经济对个体发展的新要求。核心素养或 21 世纪技能提出的时代背景是数字化时代和创新经济模式的到来;并且核心素养已经成为当前世界课程研究领域关注的热点,是任何一个谋发展的国家所无法回避的问题。同时,核心素养的提出转变了世界各国基础教育系统改革和发展的思考和管理模式。

按照经济合作与发展组织(OECD)的界定,素养(competence)不仅仅是知识与技能,它还包括在特定情境下,个体调动和利用种种心理社会资源(包括各种技能和态度)以满足复杂需要的能力。它的内涵随着经济模式、社会结构、技术特征和生活环境的变化而不断变化。

关于我校教育教学工作的切入点:

1. 课程融合

对现有学科的梳理与整合,我认为是一条捷径。首先,有"法定"教学资源的保障基础。目前的课程标准、科目设定及教材都是由上级行政部门统一管理与推行的,因此对现有资源进行深度的挖掘与整合有了一个"被框定的界限",对学校而言不容易"走歪路";其次,具有相对有优势的师资基础。核心素养是一个全新的概念,势必需要整个社会特别是教育界对这个概念的认同与接受过程,任何思想意识形态的转变,不可能一蹴而就。其推行的力度在于上级行政主管部门对此项工作的效度与能度。学校中的教师作为专业人员,应该首先以较快的速度接受这样的认识转变,这就为推行核心素养树立了比较稳固的基础。

关于学科融合的具体做法,学校可以尝试进行"同年级不同学科的联合教研"。在九亭四小,我们就做过这样的尝试。2015学年第二学期,我们以年级组为教研单位,联合语、数、英、音、体、美、探究、品社、自然学科教师共同就一、二年级的教育教学工作进行了专场研讨。主题分别是"标准解读与学科目标"与"标准解读与评价方式"。这样的研修打通了学科与学科之间的壁垒,同时又统一了教育对象,让老师们了解孩子们在不同学科正在学习一些怎样的知识与技能,以及了解同行们正在用怎样的标准做事。

2. 课程构建

当然,除了融合与整合不同国家规定的学科之外,学校也可以自行探索,建设一批适合本校学生发展、教师专业提升、学校特色彰显的校本课程。如我校在三E课程大框架下,尝试构建A&M课程、儿童通识课程。三E课程是我校的统领课程,所谓的三E是学校办学理念"每一个孩子,每一个机会,每一天"英语译文的首字母缩写,分别涉及了基础型课程、拓展型课程和探究型课程三个领域。在下阶段工作中,我们将尽量梳理核心素养与学生实际需求以及学校变革需要之间的关系。将儿童通识课程中的博物学课程、创新实验室、云课堂等项目进一步深化,加大实践研究的力度。同时,作为松江区数字化校园试点学校,为未来信息化课堂模式及想象也提供了落地的可能性。

3. 评价变革

关于核心素养的评价,上级部门尚未给出明确的规定。但就从上海市教委推行的"零起点等第制"工作来看,积极实践、实验的学校不在少数。我校就是其中一所,姑且不从学术角度评估成效是否优秀,就从学生、教师、家长及兄弟学校的反馈来看,评价活动还是比较成功的。从2014年建校以来,到目前已经成功举办了三届,我们的三E冲关(三E Rush Raid)已经成为学校的一个特色品牌活动。我们当初设计的初衷一是积极响应市教委文件精神,二是从儿童实际需求出发,将学科评价分为2+1模式,即语数英学科、综合学科加学校特色课程(如"美好四小"德育课程、英语主题文化月课程等)。以一种尽量科学、公正的态度全面、多维度地对学生一学期的学业进行评价,并且全力构建、精心设计大量体验式情境,也印证了杨向东教授提出的"核心素养的实施过程需要情境"的观点。

行走山水百里间，洞悉教育二三事

2016年10月24日至26日，松江区十九位小学校长和三位刚实习的来自西藏的校长、老师，一起来到美丽的西子湖畔，接受为期三天的培训。在短短的三天时间里，我们考察了三所不同的学校，认识了三位优秀的校长，让我这个从未走出上海，参加过真正意义上校长培训的"浅薄后生"感受到了外面的教育世界是如此精彩，如此广阔。

第一站：美轮美奂，湖畔天长

可以说，我从来没有去过像天长小学那样极富艺术设计的小学，在这所类似艺术园区的校园里，我被深深震撼了。据介绍，校长与设计师为达成最佳的设计方案，共同磨合了两年。最终呈现在我们面前的校园大气、开放、充满了创意且美轮美奂。大色块的使用，大型动物雕塑的摆放，渔网设计的攀爬架，设计师日志墙，一间间敞亮的教室，让我充分感受了校长楼朝辉的办学理念与育人目标。在校门口有一块由杜邦公司定制的复合材料版画，上面刻画的是西湖山水风光图，楼校长颇为兴奋地说，到了晚上，这幅画就会发光，非常引人注目。

启示：校园文化是集显性和隐性于一体的育人环境，人们童年时期获得了怎样的审美体验，将会对终身的艺术品位有着深远的影响。杭州历来是文人墨客川流不息之地，尤其是受当地的中国美术学院之影响，整个杭州都充满了浓郁的艺术氛围，更不用说西子湖之秀美，龙井村之幽静,山影重峦叠嶂,处处诗情画意。在和楼校长的交谈中,我获悉设计师是杭州建筑设计院的著名设计师,也是校长亲自去聘请的。无论是政府项目还是商业合作,花同样的财政经费,如果能将最终呈现的效果达到最大化岂不是更加合理？回想自己在接手新学校时,不仅没有参与任何基础设施建设的环节,甚至连后期的装修话语权都少之又少。如果校长能在筹办一所新学校时提前介入,融入自己的办学理念、人文情怀和审美品位,我想应该是一种必要的手段。

第二站:七彩光谱,大渔有声

起初走进杭州卖鱼桥小学,看到的是王校长热情洋溢的脸庞,以及略显陈旧的校园。当然被吸引的还有这个独特的校名。果不其然,这里的生源主要以小商贩家庭背景为主,并不是非常理想。凑巧的是,这一周学校正在进行的是综合实践课程,类似于上海实施的"快乐活动日",只是该校在理解浙江省关于三类课程的文件精神之后,进行了校本化学科整合,将学科、内容、主题、授课时间进行了有机的统整,自主开发了"光谱课程",旨在促进学生个性化发展。这个课程的开发背景与依据来自学生对需求的认识、对学校育人目标的认识以及多年扎实实践的自信。在参观的过程中我发现几处特别的地方,首先是学生的课桌椅呈T字形摆放,以更小单位的小组形式组织教学;其次,每个学生都有一本适合自己年级段的"学习手册",如以"桥"为主题,整合了所有学科的知识,进行了巧妙的重新编排与创新;再次,极富特色的"温暖家教室"布置让我们感受到了教师们别样的智慧与用心。总之,整个学习周有着较为强烈的实验性。

启示:关于"课改",我感觉松江教育近年来未曾经历过大风大浪,也没有很多学校进行过大规模、大手笔的"改",卖鱼桥小学为期一周的主题式开放综合学习,给我的触动是很大的。一所学校,需要耗费多大的力量进行课程的开发、师生及家长对传统教学观念的转变、繁缛复杂的课务调整,才能完成这样一项浩大工程。任何一个环节都需要校长及其管理团队巨大的精力与心血。诚然,最让我感动的是该校对"课改"独特且大胆的理解。这也让我想到了关于教育的本质问题:"我们最终要培养怎样的人?"结合当前教育部提出的核心素养,我愈发觉得牺牲一周的正常课程(或许牺牲更多功利性的"练习"和"作业"),而让学生拥有奇特而丰富的学习体验,激发其对知识的好奇,培养其综合的学习力和探究力。那么,这一个礼拜的学习意义将远超按部就班的传统学习。

第三站:内部生态,智慧学军

培训的最后一天,我们一行来到杭州学军小学,非常朴素且极具时代烙印的校名,却带给了我非常惊艳的感受。校长汪培新,正如校名一般普通,略显瘦小的身材,不起眼的夹克衫,却滔滔不绝地为我们作了一场将近两个小时的交流汇报。从目前的教育现状到小学阶段的培养目标,汪校长高瞻远瞩,思想深邃,和他朴素的外表形成了鲜明的对比。从他的话语间,我知晓了学军小学远非我们眼前看到的这块弹丸之地,而是几乎纵横了整个杭州市,囊括了三个校区、两个共同体,拥有 7 000 多名学生的"超级航母"。我的第一感觉就是眼前的这位校长俨然是半个"教育局局长",无论从眼光谋略,还是才华思想,都足以撑起自己的一片教育天地。他关于"教育生态"的论点,是指不同的校区,用不同的方法和途径去建设。通过内部结构的不断重建与调整,让整个教育集团的师资和教学资源达到某种恰好的平衡。

启示：关于教育集团化，很多区域都在进行不同的尝试，究竟是把学校"做大"还是"做小"，我认为管理者是关键，即校长是保证教育集团化成功的重要因素。像汪校长这样经常能参加教育部会议，为高位政策制定者建言献策的精英毕竟是少数。也正是有了超出常人的智慧，他方能在多个校区之间穿梭自如，游刃有余，治校用人、追寻教育的真谛——"让儿童成为儿童"。对普通校长而言，比如我，管理好一所学校已经是一件非常了不起的事情，唯有脚踏实地，多看多学，多思考总结，方能紧抓时代脉搏与教育方向，办好让人民满意的教育。

短短三天时间转瞬即逝，留给我的是从起初的震撼与艳羡，到现在的回味与感慨，乃至今后的效仿或研习，皆是宝贵经历，亦是学习经验。百年老校，底蕴深厚，既有着历史的积淀，也呈现着时代鲜明的特点，更让我领略了资深校长们的教育情怀与卓越的管理能力。美丽西子，不虚此行。

教育,可以高端大气

——读《教师专业发展的理论取向与实现路径》有感

由上海市黄浦区教育学院副院长潘裕民先生撰写的《教师专业发展的理论取向与实现路径》一书,从教师专业发展、教师阅读、教师继续教育和教育思考四个方面进行了阐述。多角度、多维度的探讨,优美的文笔让我一下子如获至宝。

在阅读该书的过程中,我收获了潘先生的很多智慧,这些经验、思想都是在他数十年的教育教学工作中积累而成的。

在我国,教师专业素养是指教师在教育和教育实践中获得的,在教育活动中体现出来并直接作用于教育过程的,具有专门性、指向性和不可替代性的心理品质,是教师从事教育工作的心理条件。它主要包括:教育专业知识、教育专业能力和教育专业精神。教师专业发展不是一个轻而易举的过程,而是一个长期的、充满着困难和艰辛的过程,需要"内外动力"的激发和助推。从科学发展观出发,我们必须认识到,"外部环境"是教师专业发展的平台和保证条件,"自主发展"是教师专业发展的内在需求和关键因素,二者相辅相成,缺一不可。

在"文化自觉"与教师专业发展中,我明白了"文化自觉"包括道德自觉、理论自觉、专业自觉、实践自觉和思维自觉。所谓"文化自觉",是指生活在一定文化中的人对其文化有"自知之明",并对其来历、形成过程、所具有的特色和发展趋势有充分认识。换言之,是文化的自我觉醒、自我反省和自我创建。教师的"文化自觉",是教师的"职业认同"和"自主发展"意识。

厚德是中国文化的精神之魂。《易·坤·象》说:"地势坤,君子以厚德载物。"教师首先要以道德品性为重,做一名道德模范。长期以来,在人们的心目中,教师不仅具有"淡泊明志,宁静致远"的博大胸怀,更有"学高为人师,身正为人范"的良好形象,正如王国维在《论教育之宗旨》中所说:"然有知识而无道德,则无以得一生福祉,古今中外之哲人,无不以道德为重于知识者。"人们常说,理论是灰色的,实践之树常青。教育发展到今天,人们更加强调理论与实践的结合。在大力提倡"理论自觉"的同时,我们首先必须搞清什么是理论。按照西方古典哲学的观点,"理论"是用抽象概念建构起来的具有普遍性的观念体系。理论来源于实践,但不能停留在经验水平上,要注重提炼和升华,使理论高于实践。只有这样,理论才会具有预见性,才能有效地指导实践。不仅如此,通过理论学习,还可以帮助教师提高研究和分析问题的能力。实践证明,仅仅知"其然"却不知、更无以说清"其所以然"的教师,充其量是经验型教师,但与智慧型、专家型教师无缘。而教师理论功底的提高,则离不开自觉的持之以恒地学习。只有坚持理论学习,亲近理论,我们的教师才可能真正地"站"起来。

说到"教书",还有一个理论和方法的问题。俗话说:"登山要有途径,渡海要有舟楫。"一种教学方式的实施也要有行之有效的方法。有人说:"平庸的老师传达知识,水平一般的老师解释知识,好的老师演示知识,伟大的老师激励学生去学习知识。"教育是科学和艺术的结合。科学,就是符合教育规律;艺术,就是讲究方法。事实证明,只有老师"会教",学生才可能"会学",他们才可能学得快乐。静安区张人利校长说,上课有四种境界:一是念课,新教师上课不会自如地教,只能照本宣科;二是背课,把教科书上讲的背下来;三是侃课,用自己的语言来表达教科书上的内容;上课的最高境界是"玩"课,跟学生一起"玩"。"玩"其实包括很多要素,第一是有趣,第二是有爱心。有了这两点,工作就是一种轻松的娱乐,不是一种负担,不会产生倦怠。

恩格斯曾说:"思维是地球上最美丽的花朵。"而对教师而言,思维显得尤为重要。在很多时候,处在一线的教师明明知道自己的教育教学存在问题,却找不到有效的解决办法。这种现象告诉我们:教师专业成长不仅是接受教育理论、学习他人经验、吸收同行成果的过程,还是不断对自己的教学实践进行总结和反思的过程。在这个过程中,教师特别需要敢于突破传统、突破自我的思维方式,多角度、多层面地思考问题。

作为教师,我们不仅要反思,还要有哲学思维。有了哲学思维,你就能更高层次地去理解、思考问题。亚里士多德说:"幸福存在于闲暇之中。"他所说的幸福,是心无旁骛的哲学思辨。哲学需要闲暇,在闲暇之中我们才能进行哲思。与教育研究者相比,我们一线教师最不缺少的就是实践,源自教学的真真切切的实践,我们每天都在教育教学的实践之中,但因为我们缺乏对实践的总结、提炼和对问题的哲学思考,所以我们的智慧并未得到切实的、理想的提高,这恐怕也是一些教师不能成为学者型、专家型教师的主要原因。

感受古老生命的时代脉搏

2021年底,上海书城闭店修缮,所有书籍打折销售。瞬时门庭若市,大量低价正版书被一抢而空。等我们反应过来想为学校图书馆去抢些书时,无奈被告知书已经所剩无几,再来已无多大意义。虽然有些遗憾,但内心还是欣喜的,偌大的书城被搬空,说明这么多书会出现在寻常百姓家的书房、莘莘学子的书包、各类图书馆的书架、某位学者的案头……总之,只有爱书的人才会想方设法去获得书,无论他是想读或者仅仅是想拥有。

除了书店,书籍最集中的场所便是图书馆了。说起图书馆,人们脑中首先浮现的多数是安静的空间里弥漫着书香,每个人都在静默地阅读或书写,空气中每个分子都充满了学术的味道,与贤者和伟人在书卷中相遇,交换着关于历史、哲思、自然科技等各种人类智慧。而如今,当你走进任何一家美国公共图书馆,你看到的或许就不是这番景象了。这种感受得益于笔者2019年对美国多家图书馆的考察,其中有大型图书馆,也有小型的社区图书馆。令我印象最深的莫过于芝加哥公立图书馆了。

进入芝加哥公立图书馆二层的创客中心(Maker Space),只见有个年轻帅气的小伙正在摆弄电子吉他,不远处两个男孩戴着VR眼镜正在酣畅淋漓地进行网络游戏,房间的东北角摆着硕大的一个尚未完工的火车站沙盘模型,旁边搁着一块同样没有完工的木刻版画,西面的小房间里两个年轻人正在电脑上用程序制作音乐……一瞬间你似乎有种走错门的感觉,不禁让人生疑,这真的是一座公共图书馆吗?

一、美国公共图书馆的"前世今生"

1876年,在美国建国一百周年之际,美国图书馆界作为美国教育事业的重要机构被邀请参加了费城世界博览会。在美国,公共图书馆是民众除了公共学校最主要的接受教育的方式。美国国会图书馆第六任馆长斯波福德主张国家图书馆应当保存所有领域的图书以满足人们对智力资源的需求,并且认为图书的选择在人的道德的养成、个性的塑造和智力的发展中起着重要作用。

如今,美国公共图书馆的功能已经不限于藏书种类及数量的多寡,而是致力于成为"社区学习中心",不仅有为青少年单独开放的"创客空间",提供多媒体音乐、影视制作、手工(如刺绣、缝纫)、美术(如木刻版画)、手工制作等多种类的服务及课程,还有配置高级科技设施设备的"多媒体中心",成人、青少年及儿童都可以在"科技工作坊"里进行诸如编程、动画制作、3D打印、激光切割等课程,费用全部由政府承担。

图书馆的功能已经不再是"藏书阁",而是一个用各种资源"教人学习、升级认知"的场所,这不得不说是一个巨大的飞跃。

二、超级图书管理员

图书馆员的素质也是美国公共图书馆思想的主要内容之一。早期的馆员都是半路出家的,那时候没有图书馆学专业学校。1894年,阿莫斯图书馆馆长弗莱彻提出"年轻馆员至少要有大学教育背景",对馆员的学历提出了具体的要求。1899年,纽瓦克公共图书馆馆长达纳对馆员的素质提出了严格的要求,指出一个图书馆的馆藏,即使质量再好、贮藏再佳、排列再优,如果没有好的馆员,也是没有价值的,把馆员的素质视作比馆藏更重要的因素。美国公共图书馆运动杰出领袖杜威把馆员的素质概括为三方面:积极进取的品质,能为读者指示读书门径,能担当民众教育的使命。他提出了最高要求:一个伟大的馆员必须拥有清晰的头脑、强有力的手,最主要的是要有伟大的心。这颗伟大的心,或许在杜威看来,就是为图书馆事业奋斗终身的崇高的图书馆理想和职业信念。

如今,要成为美国的图书管理员必须要取得图书馆专业的硕士文凭。在公共图书馆里,他是"学术权威";在学校的图书馆里,他又承担了类似"儿童发展中心"主任的角色,地位和功能都非常重要。

三、为儿童服务

对儿童服务给予足够的重视,这也是美国公共图书馆思想的主要特点之一。同样是达纳,他指出馆员应当从小就熟悉各种儿童经典读物,一个不知晓也不懂得如何欣赏儿童经典读物的馆员是难以做好儿童工作的。杜威的得意弟子普卢默认为馆员有责任让有阅读能力的孩子远离无价值的小说、耸人听闻的消息和邪恶的作品。

观察当代美国学校的图书管理员,其职责早已远超"儿童阅读指导者"的角色,而是一个融不断探索学习空间、组织儿童及青少年有效学习、包容并吸引所有人到图书馆来的综合服务官。

美国图书馆,尽管有着悠久历史,但它的生命不断地被迭代,血液不断地被更新。正如它们被创办的初衷一样,为民众谋求最大的学习福祉是其服务宗旨,从最初的藏书、阅读到现在的创客中心、免费课程服务,一如既往发挥最大价值。它的存在为任何一个热爱阅读与学习的美国人提供了一片紧跟时代发展的心灵绿洲。

美国教师教育一瞥

美国教师教育学院协会（AACTE）要求新教师掌握的知识包括："关于学习者和学习的知识，包括有关学习者的知识、满足学生发展的需要、了解学生的特殊需要等。"关于课程与教学的知识，包括学科教育学、教育概念、读写知识、课堂组织和管理、有效的课堂引领等。关于教育的社会基础知识，包括了解社会和政治环境方面的知识：学区、班级和学校的社会组织、社会学和人类学原则、环境、法规、教室和文化。掌握一定的专业知识：专业合作、教学伦理、法律权利和责任等。关于任教学科的知识，如学科知识的教学、人文知识，包括知识、描述和定量研究。笔者曾有幸两次赴美考察，本文即是笔者对美国教师教育的不太全面的个人梳理。

教师专业的提法在美国19世纪末偶有出现，但其作为醒目的理论并付诸大范围的教育实践则在20世纪60年代之后。到20世纪80年代，世界教师教育经过一个多世纪的发展，形成了定向型、非定向型和综合型三种主要模式。其中以美国为代表的非定向型模式对世界教师教育的发展影响最大。1983年《国家处在危急之中——教育改革势在必行》的报告，敲响了美国20世纪末教育改革的钟声。该报告提出，教学改革应以教师工作的改革和教师质量的提高为重点。报告提出了以下建议：减少教师的行政负担，增加用于教和学的时间；提高教师的规格与能力，使之能胜任所教学科；由教师委员会行政人员和教师共同合作建立教师职称制度,增加教师工作,雇佣非学校人员解决学科教师缺乏的问题;对特别需要的学科,请有经验的著名教师参与制订教师培训计划,监督教师的实习等。

20世纪80年代后,美国所有的州和地区都提出了中小学教师必须具有学士学位。1987年,全国教学专业标准委员会(National Board for Professional Teaching Standards,NBPTS)建立。在该委员会的倡导和带领下,美国掀起了一场教学标准大讨论,提高教师教育质量的改革也由此拉开了帷幕。20世纪80年代以来,影响最大的教师教育改革报告有:1986年卡内基基金会发表的题为《国家为培养21世纪的老师做准备》的报告,1986年由20所著名教育学院院长组成的霍姆斯小组发表的《明日之教师》报告,以及优化教师教育委员会《改革教师教育的呼吁》的报告。

1999年美国第三次全国教育高峰会议强调,要使将来的美国学校的每间教室都拥有高质量的优秀教师,教师教育改革成为20世纪80年代后美国教育改革的重点。1991年,《美国2000:教育战略》的六项目标中,最突出的是第四项目标中规定的世界课程标准:美国学生在自然科学和数学方面的成绩要跃居世界首位,为了实现这一标准,报告还提出了具体的要求:将数学和科学方面具备良好学术背景的教师增加50%,尽力增加主修数学、科学及工程专业的本科生和研究生规模,特别是妇女和少数民族学生等群体。

目前,美国的教师教育在很多州立大学的教育学院中采用综合性课程的设置。以跨越多种学科的综合性课程为例,为了设置连续两学期的课程,该方案第一阶段将教育心理学、特殊教育课程和教学课程整合到了学科内容中。这一阶段是为所有专业提供一般性的基础。第二阶段是为不同的专业和学科(例如,数学、艺术、小学教育)的申请者,提供连续三个学期的系列课程,这些课程强调对课程和教学内容的了解。这个阶段也针对所有专业,强调对学校、社区和社会三者关系的了解。第三阶段在毕业前为所有学生提供一个学期的实习机会。除了教学经验的扩展之外,学生在设计能力所要求的知识、技能、意向等方面也得到了综合性的培训。

美国有很多教师专业发展学校,它们的主要目标是:为营造和支持最好的教育实践提供一个反思和重构的学校环境;促进教师的职前教育并使他们感知教学专业化;促进在职教师的持续发展和专业成熟。在专业发展学校,实习是实习生、大学教师和课堂教师构建的共同体,实习生和课堂教师成为关注的焦点。实习生、大学教师和课堂教师共同参与一系列校本问题解决的实践中,由此带动了由公立学校和大学教师一起合作的一系列项目。

全美教师教育认可委员会在2001年发布了专业发展学校的标准,作为美国教师教育改革的实践导向。这些标准包括:学习共同体、责任和质量保证、合作、多样化和质量、结构、资源和角色。2009年美国第六次部长教育质量年度报告《每间教室里的高素质教师》认为在中小学,教师的质量、能力与动机是影响学生学业成就最为重要的原因。

教师教育制度化是一个持续不断的过程,是学校管理层和教师都需要不断学习的过程。弗里曼指出教师的学习和教师知识的建构是教师思维活动的两个重要属性。教师的学习是教师专业发展中的一个核心活动。教师教育意味着教师的理论水平和诠释能力得到发展,从而教师能够处理特定的教学事件,并在这个过程中产生自己的教学理论。

探微美国"师训"

《教学和教师教育国际百科全书》将教师教育分为职前、入职和在职三个阶段,这三个阶段是一个连续的过程,体现了教师终身教育的思潮。在芝加哥及旧金山考察期间,我亲历当前美国教师职后培训的现场,以下为几个缩影。

- **莫顿高中(Moton High School)的微软技术团队支持**

莫顿高中是芝加哥93学区的一所信息技术实验学校。学校的信息化程度很高,每位学生都能分配到一个微软笔记本。混合式学习方式在这里也得到了较好的使用,学生在课前、课中、课后均有线上学习的要求与任务。微软公司在这所高中有技术驻点,不仅维护软件和硬件,同时也负责培训教师。培训时间通常利用学生放学之后,教师集中在一起共同学习,讨论遇到的困难,学习教学系统的使用。在莫顿高中,这样的培训是被强制的,每位教师都必须接受这样的"校本培训"。这样的技术公司入驻学校的合作方式在很大程度上补足了学校技术力量的不足,同时也加大了信息化技术使用与推广的力度。

- **提前发布日(Early Release Day)——美国版的"半日教研日"**

关于教师的培训,最令我印象深刻的是关于"教师专业化发展"活动的安排。其实这与上海的区级教研活动及校级的校本研修、教研组备课组活动类似。它也是专门选择一个时间,进行集体的教研活动。在芝加哥93学区,每周一下午各个学校会早放90分钟时间,用于教师的教研,当然精明的美国人也绝对会记得让老师在一周的其他时间内将这一个半小时补给学生。目前,这90分钟的"教师专业发展"时间主要用于两大主题:即信息化教学及个性化教学。除此之外,每个学区的教研活动时间也不尽相同。有的学区是一个月一次,有的学区是一年四次,总之并没有明确的规定。我认为正如"一个好校长就是一所好学校"一样,"一个好学区长就是一个好教师教育学院",他们有权限制定教师的培养方案,包括培训主题、内容、时长、考核等。

在芝加哥203学区教师则在校内进行每周两次、每次一小时的"校本教研",由校内的学科教练(Coach)带领整个教研组就教学内容、学生表现情况等进行交流与商讨。其中,对课程标准指标的学习是非常重要的内容。像CCSS这样的课程标准,其解读之细致、条目之具体,的确需要广大教师进行长期的、持续的学习。

- **导师(Mentor)和教练**

当然,对教师的培训,还包括了每年暑假为期一周40课时的信息化集训,参加各级各类会议及"学术日",包括网上学习,以及"导师制"与"教练制"。前者主要针对新入职的年轻教师,通常持续2—3年的持续培训。我认为这和上海的"见习教师规范化培训"中的配备"教育、教学指导教师"有异曲同工之处;而后者的教练通常是由经验丰富的同伴教师担任,更类似于国内的"教导主任""教研组长""备课组长",通常要负责整个学科及团队的专业化建设。

关于导师的角色定位:处理关系、鼓励、培养、教授、提供多样的尊重、对学习者需求有回应。需要的技能包括反思性实践(reflective practice)、积极地倾听(active listening)、提问技巧(questioning skills)。导师是为新手教师配备的校级专职导师。新老师遇到问题后,首先需要向导师寻求帮助。教练是激发一个人的潜能,以达到他们最佳的表现状态,强调帮助教师自主学习而不是教会他们。一个好的教练相信每个教师个体都有自己解决问题的能力,只不过他们需要外力的帮助。教练更像是"驻校研训员",在学科教学领域给予教师更为专业的支持。

- 职业高中的教师"转型培训"

在考察芝加哥公立学区计算机科学部(CPS CS4ALL)时,笔者参与了一个有趣的教师培训。随着学区教育信息化技术的深入推进,合格的计算机老师非常紧缺。为了缓解这一情况,学区选拔了一批有计算机相关专业背景知识的老师(如数学、科学等学科教师)进行集中式的计算机技术培训。培训的过程既关注培训内容,又关注教学技能,如小组的项目式学习,教学实物的实操演练等。相关教师教育专家在教室后面进行观察,记录并评估每一位教师的参与度。整个培训过程气氛轻松,老师们学习的内容也不算艰深,但究竟这些半路出家的"计算机教师"进入真正的学生课堂中去时,效果如何就不得而知了。

- 四个领域

学者夏洛特·丹尼尔森(Charlotte Danielson)提出了美国流行至今的教师评价框架,涵盖了四个领域,包括:教学计划制订及备课、教室环境创设、教学指导及专业的责任感(planning and preparation, classroom environment, instruction, professional responsibilities)。这也是美国目前比较主流的教师评价方式。

作为美国教师若干个培训现场的观察者,我也发现了一些问题。由于教育信息化的快速发展及全面普及,令不少美国教师措手不及。在莫顿高中,我曾与几位教师进行交流,他们也表达了自己的困惑,如教学与培训时间的矛盾(通常挤占教师下班后、周末甚至假期的时间),当问及实际应用效果时,他们也只是耸耸肩。

论校长的教育家精神及教育家型校长

习近平总书记将教育家精神的核心内涵概括为:"心有大我、至诚报国的理想信念,言为士则、行为世范的道德情操,启智润心、因材施教的育人智慧,勤学笃行、求是创新的躬耕态度,乐教爱生、甘于奉献的仁爱之心,胸怀天下、以文化人的弘道追求。"在新时代洪流中,作为校长的教育者群体,必须身先士卒,率先垂范,理解、诠释、内化这种教育家精神。

教育部办公厅在2014年发布了《关于启动实施中小学校长国家级培训计划的通知》,强调要培养一批能够创新办学治校实践、具有先进教育思想、社会影响较大的优秀校长尤其是教育家型校长。这是时代的召唤与要求,同时也是教育界被国家赋予的新命题。

一、勇气与底气——校长教育家精神的来源

无论是校长的教育家精神,还是教育家型的校长,尽管表述不一样,但本质是相同的:我们的国家亟需一批卓越的教育管理者及教育家去投入新时代高质量发展的国民教育,为实现2035年教育强国的远景目标做好重要的人才储备。

校长的教育家精神,我认为是一种向上的力量,具有蓬勃的生命力与张力。其中,最重要的一点是校长必须具备勇气:敢于尝试的勇气、改

革创新的勇气与敢于斗争的勇气。

教育家型的校长，代表着一种下沉的积淀，这是已经成"型"之后的深厚底蕴与能量。教育家型的校长最重要的必须具备的底气是：精神境界、办学思想、学科专业水平、管理能力以及个人魅力。

（一）校长的第一股"气"：勇气

第一种是敢于尝试的勇气。但凡能成为校长，必定已经在教坛耕耘多年，有着丰富的教学经验与管理经验。他们往往各自有着一套颇为有效的方法。因此，很多校长面对新出台的政策、新的工作要求、新技术新手段时会缺乏学习、实践的勇气。看似"没大毛病"的循规蹈矩，实则是"因循守旧"的墨守成规。他们一直在观望：虽然国家提要求了，但还要等省里出台相应文件、听市里的会议精神、查收区里的通知、再观察周边学校的做法，唯独不愿敢为人先，做第一个尝试者。究其原因，无非就是怕出错，怕越位，瞻前顾后怕这怕那。不敢承担失败的风险就是缺乏敢于尝试的背后逻辑。另一种可能是安于现状，不想走出舒适区。

敢于尝试的勇气需要校长们踏出第一步：观念提级。教育家精神的内核是为了谋求更好的教育发展，这种发展直接作用在教育对象，然而必定是坚定地指向"为党育人、为国育才"。有了这样的观念，才会立刻行动，这种勇气也是校长"改革创新"勇气的前提与基础。

第二种是改革创新的勇气。政策文件毕竟是宏观的、字面的，如何贯彻落实、有效执行文件精神，除了常规做法，校长还必须有点改革创新的勇气。"改革"意味着在旧传统、旧观念、旧路径上进行变革，去粗存精。"创新"意味着从无到有，通过学习与实践反复试验，并且真正获得成功、取得一定成效才算是"创新"落地。若想高举改革创新这面旗帜,校长必须要披荆斩棘探索出一条适合学校发展的创新之路。这条路并不会太容易。

第三种是敢于斗争的勇气。在进行改革创新的实践中,校长们会面对来自四面八方的挑战。在很多学校中,无论是进行常规的优化调整还是颠覆性的变革创新,时不时会有人跳出来反对。可能是一群有着自己教育见解的家长、可能是某位资历较深的老教师,可能是某类特定教师群体,甚至还有可能是管理团队内部。这种情况屡见不鲜,一来教育长期被认为"评论门槛低",自认为有着话语权实则并不专业的各界人士都想指手画脚,二来是因为研究表明管理者与被管理者永远处于一种天然的对抗状态。前一种啼笑皆非的原因只能用调整心态去解决,而后者则需要校长修炼自身的领导力。

校长修炼领导力,最重要的是不通过"指挥"去推动改革,而是要通过"引领"来带队伍。"德、智、勇三全",是对校长品德、智商和情商的多重考验,也是校长敢于斗争的实力所在。

(二)校长的第二股"气":底气

第一种底气来自志存高远的精神境界。这种境界来自"心有大我、至诚报国的理想信念"和"言为士则、行为世范的道德情操"。一位优秀的校长必须要以培养担当民族复兴大任的时代新人为使命,时刻牢记教育是国之大计、党之大计。培养什么人、怎样培养人、为谁培养人是教育的根本问题,也是建设教育强国的核心课题。精神境界起到决定作用的动力性质,是检验校长"政治纯度"的试金石。这种底气体现了校长全面贯彻党的教育方针,落实立德树人根本任务,培养德智体美劳全面发展的社会主义接班人的决心。

"其身正,不令而行",正确的价值观是校长在领航一所学校时最令人信服的动力,这是一种"原动力",是校长最重要的底气。

第二种底气来自经得起推敲的办学思想。校长的办学思想决定了他的育人观。在"为党育人,为国育才"正确总方针的前提下,他可以在学校里相对自由地办学。包括制定学校发展目标、学生培养目标、课程方案、教师培养方案等。当然,在提出学校的办学理念,总结三风一训等文化内涵时,校长也会起到主导作用。一位校长的办学思想是否经得起推敲,首先要经过论证,这种论证需要来自理论层面,但更多的是来自时间与实践的检验。由理论走向实践,是一种验证;由实践走向理论,则是一种凝练。对校长的办学之道来说,很难说哪种方式更好一些,但通常办学思想都是在校长长期的治校过程中逐渐形成、发展、迭代与完善的。

何谓经得起推敲?我认为一位校长的办学思想要具备可检验性、一定的普适性以及前瞻性。所谓的"可检验性"是办学目标、办学方法与办学实际效果三者间的关联程度。可检测的数据包括学生的道德情操、学业成就、素质教育成果等,不可检测但依旧是可检验性的指标包括学校的社会影响力、人民满意度、传播力与口碑。"一定的普适性"是指办学思想不是唯一一所学校所用,而是能从办学成功的过程中总结提炼出能复制、能推广、能借鉴的经验方法。"前瞻性"是指校长的办学思想不是短视与急功近利的,他应该为学校里每位师生的今后人生考虑,为学校的可持续发展考虑,为国家对高质量教育的未来达成考虑。

第三种底气是扎实丰厚的教育教学专业水平。学校不同于一般企事业单位,管理人员与技术人员可以分开。在学校里,校长的起点通常是"教而优则仕",因此他至少在一门学科领域内是有话语权的教育教学专家。可以说教学是每一位校长工作生涯的起点。专业能力是校长威信建立初期的核心能力,尤其是他在自己本学科专业教学上展示出的高度、深度与广度。校长的教学获奖级别代表了他的专业高度;在经验总结及教科研方面的学术成就代表了他的专业深度;而指导带教、辐射引领、助力他人取得的成绩则代表了他的专业广度。

拥有"启智润心,因材施教的育人智慧"是对教育家型校长的基本要求,既是专业能力,也是立身之本。

第四种底气是真才实学的学校管理能力。这是与教育教学能力"接壤",而又单独进阶的能力。校长的管理能力有时候很"抽象"。之所以这么说是因为任何一所大学都没有开设"学校管理学"这门课程。普遍知晓的是"企业管理"和"公共管理"两个专业,前者偏经济,后者偏政治,而教育既与两者相关,又有较强的独立性。除非这位校长曾在大学求学期间系统地学习过"教育管理学",他或许在二十年后走上校长岗位之后才发现以前学过的内容几乎已"依稀不可辨"。但对大部分校长而言,完全没有学过任何一门"管理学"的大有人在。他们或许学过《课程论》《教育心理学》,但肯定不会看过《财务管理》《社会心理学》《高效带团队》之类的书。

因此,拥有"勤学笃行,求是创新的躬耕态度"是对校长完善学校管理知识、提升办学治校能力的必然要求。在刚踏上岗位的最初几年,新校长们总会连滚带爬地带着学校往前走,会走不少弯路,吃不少苦头,也会在屡遭碰壁与任务失败中逐渐掌握管理学校的技巧。

第五种底气是指个人魅力。校长的个人魅力差异性极大,有较强的个性色彩。个人魅力的组成比较复杂,言谈举止、着装习惯、沟通方式、学识修养,甚至话语体系都能塑造一位校长与众不同的魅力。这种个人魅力是一种涵养、一种神韵、一种气场、一种令人信服甚至折服的无形力量。校长的个人魅力是一种比较抽象,但又极具辨识度的能量。它很大程度上会影响学校的风格及校园文化,是一个值得关注的因素。

(三) 校长视角"勇气"与"底气"的关系

校长的"勇气"来自"底气"。如果没有志存高远的精神境界、智慧的办学思想、令人敬佩的专业水平、运筹帷幄的管理能力以及独特的个人魅力,就很难成为一名教育家型的校长。

校长的"底气"需要"勇气"来积淀。只有不怕失败、敢于尝试、奋勇前行、改革创新、排除万难、敢于斗争,才能让校长的"德智勇"愈发立体、丰满,教育家型校长的职业画像也会日趋完善。

二、普通校长成长为教育家型校长面临哪些困难挑战

(一) 个人发展的局限性

1. 健康状况

众所周知,在一所学校里,校长通常是德高望重的人物,这与其年龄、资历密不可分。一般来说按照惯例,一名新入职的教师从普通教师成长为正职校长,至少需要 15—20 年,在这期间他需要经历备课组长、教研组长/年级组长、中层副职、中层正职、校级副职至少五个岗位工作,

同时还需要完成中级、高级职称的评定。只有少数极优秀的教师才能享受破格提拔、破格评审等待遇而缩短成为校长的年限。等大部分教师具备这些基本资质与条件之后，年龄都已经不小了。更何况他们还需要1—3年甚至更长的时间去适应正职校长的角色。这么一来，在一名"普通校长"成长为"教育家型校长"的有限职业生涯中，年龄就成了一个很大的制约因素。

《上海市普教系统名校长名师培养工程实施方案》中进一步明确"现在50岁左右的优秀校长成为断层，为在这个年龄段成熟型的校长提供快速通道，3—5年希望在断层中崛起若干名优秀校长和名师"；"5—10年要在教育界形成一批领军人物"。这个目标固然很理想，但似乎又轻视了教育管理作为一种专业其具有的复杂性，"优秀校长"和"领军人物"作为高级人才，其成熟时间并不会太短。"造势""造星"式的培养并不见得让教育本身获益。

"名师"毋庸置疑肯定是专技岗位，但校长和"名师"的岗位性质以及所需职业技能是否一样或者类似？事实上，当校长和做老师是完全两码事。那么，校长走的是什么职称序列？以上海为例，几乎所有的校长走的都是专技岗，由此可以试问：校长作为教育专门管理人员的"含金量"究竟在哪里？是其教育教学水平赋予的，还是被"顺带着做点管理"的观念赋予的？如果是专门的管理类人才，参照公务员培养和提拔的周期，这"5—10年"的时间是不是有点急功近利？因此，尊重校长，就应该拉长培养周期，或者延长其工作年限。其实很多校长在其职业生涯中"退而不休"，依然活跃在各个教育领域发挥余热，这与其社会功能与角色的稀缺性不无关系。

除了年龄,校长们若要"成名成家",其精力也是很大的障碍,精力包括脑力和体力。众所周知,人具有生物性,除了工作之外,我们还要休息、放松,还有家庭的责任与义务需要履行。这一切都挑战着校长们不断平衡工作与生活,做取舍与决策。尤其是女校长,所做的牺牲可能会更大。她们在从事学校管理工作的同时,还要参与子女大部分的养育及学习管理。这对校长们而言,在精力上构成了巨大的挑战。

此外,校长的大脑堪称CPU,每天处理事务、治理学校、研究学问都要大量用脑,在高强度、高密集、快节奏的工作中,脑力体力消耗巨大。因此个体的健康水平与精力有密切联系。但要成为教育家型的校长,必须爱钻研、勤思考、善提炼、有勇谋,是具有终身学习能力的"超人式"人物。除非天赋异禀,若要成名成家,一位校长必定要付出大于常人两倍甚至数倍的力气,这对他的健康与体力提出了较高的要求。

2. 岗位经历

每一位校长的成长经历都是不同的。校长群体的整体成长路径或许相似,但也有差异。这取决于他所在的城市、区域、县域及学校。由于所在成长环境受限,校长的眼界、视野、思维特点、问题解决方式、价值取向等都各不相同。教育家型的校长需要"宏大"与"高位",可现实是,除非这位校长在不同区域的多所学校从事过学校管理工作,否则他难免会有固化的思维与有限的经验。

一位普通校长若要成长为教育家型的校长,究竟是在一所学校深耕数十载有优势,还是在多所学校多岗位工作过有优势,我认为各有利弊。一辈子在一所学校,优势是对这所学校的情况非常熟悉,甚至每一届学生的情况、每一位教师的发展、每一段历史都了如指掌。也因此,从熟悉到成功,会有不少的经验可以总结。正如做教育科研,对研究对象观察、调查、分析的时间越久、越全面,获取的数据就越精准、越接近事实,所以这样的教育家型校长的治校底蕴是非常深厚的,我称之为"一条根扎得深"。当然弊端也很明显,针对不同学校的复杂性与多元性,或许无法复制经验,套用模式。第二种是具有过多所学校管理工作经验的校长,他的整体适应能力会较好一些,面对不同校情开展工作中,积累的方法也会更丰富。这无疑对其未来的发展提供了较好的经验,我称之为"多条根铺得广"。这两种途径生长起来的校长,都有牢固的根基,也各有成功的案例。

(二) 培养路径的交织与混乱

1. 国家级层面

《国家中长期教育改革和发展规划纲要(2010—2020年)》提出"大力倡导教育家办学",2018年《关于全面深化新时代教师队伍建设改革的意见》也提出了"营造教育家脱颖而出的制度环境",这是首次从政策层面上提出的。新时代中小学名师名校长培养计划(2022—2025)(简称"双名计划"),是基础教育领域国家层面的中小学教师校长人才培养计划,旨在培养造就一批具有鲜明教育理念和成熟教学模式、能够引领基础教育改革发展的名师名校长,培养为学、为事、为人示范的新时代"大先生"。从专业标准方面,2013年教育部研究制定了《义务教育学校校长专业标准》,详细说明了校长的六项专业职责:规划学校发展,营造育人文化,领导课程教学,引领教师成长,优化内部管理,调适外部环境。以初中校长为例,目前全国共有30 000多名初中校长,但在教育部中学校长培训中心接受过国培的校长只有1 500多人,也就是迄今为止,全国只有5%的校长接受了国家级培训。这还是基于校长总人数不变、人员不流动、不调动、不退休的前提下梳理的数据。

本人有13年的校长/副校长工作经历,但也仅仅在担任正职校长的第十年才有机会进入国家层面的培训。当然,国家的平台和资源毕竟是有限的,也仅仅能保证那些比较优秀的校长能参加学习。

2. 省市级与区级层面

针对校长培养的省市级层面培训也不多。《上海市教育委员会关于"上海市普教系统名校长名师培养工程"的实施意见》在上海市的实践过程中,原定的培养路径会随着平台的上升而越来越窄。

区级层面上对校长的培训几乎没有。通常每年暑假期间会进行全体性的集会性的集中学习。然而每次都是浅尝辄止,多以线上培训的方式收尾。

(三) 专业培养课程体系的缺位

校长培训不同于任何与教育相关专业的学习,这是一种在职或者说是职后培训。培训部门各不相同,培训目标、内容、形式也各不相同,自成体系的乱象频发。整体而言,校长的专业培养并没有一个相对统一的课程体系。这或许与"教育家型校长"培养的复杂性有很大关联。建立一个课程体系,涉及的内容极其复杂,单从课程要素来讲,就很难做到全国统一。

我认为已有的《校长专业标准》可以成为课程体系制定的重要参考,将标准细化,设置必修与选修科目,设置学分。任何一个教育家型的校长其学识水平、学业成就绝不亚于某个领域里的博士生。很多专家认为"校长们做得很好,说得不错,但写起来不行",因此撰写实践性的大论文,是能将教育、管理理论与学校管理实践有机结合的学习方式之一。教育部中学校长培训中心的"学校行动改进计划"培训作业就是一种很好的尝试。

很多师范类院校里开设的"教育学"或"教育管理学"专业,对很多缺乏实际管理经验的本科生或研究生来说,似乎有种"不接地气""纸上谈兵"的感觉。我建议借助高校课程研发的专业性与学术性给广大校长群体量身定制一些专业课程。对知识的首次接触,与经过了实践再次"回炉式"的接触,会产生完全不同的学习效果。前者"空中楼阁",凭空想象居多,而后者更多的是验证与理解、强化与内化,是对校长综合能力提升的极好学习方式。

三、政策支持和保障

(一) 推广校长上岗前的资格证制度

获得教师资格证是每一位教师能上岗执教的必备条件。事实上在我国,校长上岗并不需要"校长资格证",至少在国家层面没有认证要求。这就导致很多弊端:校长对管理学校的必备知识和能力缺失、没有一个统一的任职资质来遴选校长。第一种弊端其实很多校长都遇到过:之前担任教学副校长的校长对德育不熟悉,之前担任德育副校长的校长对教学不熟悉,而几乎两种校长对学校总务、人事、外联工作一窍不通。第二种弊端是部分校长的知识能力非常片面单一,导致校长选拔与任命的乱象选出,质量良莠不齐。

如果国家层面来研制"校长资格证"制度,那么就能确保每一位校长在上任管理一所学校之前,都接受过系统的"如何当校长"的培训,如财务管理、预算编制、采购流程、工资计算、德育管理、教学管理、干部培养等与学校管理相关的必备知识,那么很多新手校长就会少走不少弯路。

(二)建立金字塔形的校长培养体系

在教育系统,很多政府行政人员,包括教育局局长在内,都认为校长的主要价值在于教育教学的引领,甚至要求校长必须亲自带头上课,校长必须是教学专家,而管理学校只是附加的工作。甚至在教育系统内部,广大教师也都认为"管理"在教育界并不是一项专门技术。事实上,学校管理不仅是一种专门技能,它的功能与价值甚至超出人们对它的传统期望。试想一下,在一个大型企业中,总经理每日的工作是什么?他会不会除了规划发展、调动资源、调配任务、视察开会,还必须抽出半天时间去生产线亲自加工零件?如果他做了半天的流水线工作,对他的本职工作是大有裨益、意义不大还是毫无意义?应该说,这半天的一线工作充其量就是让总经理了解了一条流水线在半天的时间里能加工多少个零件,残次品率有多少,对他的企业管理工作起不到任何实质性的帮助。

同理,在一所学校里校长究竟是做他本职的校长工作,还是要花时间在一线教学上呢?普遍认为两者都需要兼而有之。说到底,还是"学校管理工作附属性"的偏见在作祟。

我认为金字塔形的校长培养是一种有效的对教育家型校长培养与发现的路径。金字塔形的校长培养体系的建立前提,是大规模"准"校长的培养体系。我们假设在岗的校长都是优秀校长,因为"优秀"是通往教育家型校长之路的必备条件。但实际上,我们的校长果真是100%优秀吗,抑或是说优秀校长的比例究竟有多少?在遴选校长的过程中,我们是否充分挖掘了合适的人才?是否选用了科学、合理、公正的方法?是否关照到了每一位有资格的人选?如果没有,那么该如何去优化?

所谓的金字塔,共分五级。第一级即底部的"准"校长群体,这个群体包括任何已获得做校长资质且致力于成为校长的教师;第二级是在职的正式校长,即已经成为校长但只能算是合格的群体;第三级是优秀校长,他们在所在学校、区域(县域)内有一定办学成绩和知名度;第四级是卓越校长,这类校长已经在省市级的平台上频频亮相,是所在学校、区域(县域)的学校管理专家,很多时候充当某地教育"代言人"的角色;第五级是金字塔的顶端,能达到最高级别的校长已然凤毛麟角,即便称不上教育家型的校长,也能算顶级学校管理者了。

下面具体阐述一下该模型的功能设想。对"准"校长群体的培养过程也是在普及学校管理知识与方法、校长管理职能与胜任岗位要求的过程。即便不一定所有的"准"校长都能有机会成为真正的校长,但在校长"通识培养"的阶段,会产生一定的校长职业认同感。了解到管理与发展一所学校的不容易,会产生"管理共情",会更理解校长在学校里做的每一项改革与创新。这一级别的培训,可以是区(县)内自行组织,由当地的教师教育学院进行培训。

校长的在职培训也需要有序列化地制定。校长这个角色,并不是外界或者政府官员认为的教育教学领域的专家、学校文化的规划者、办学质量的保障者,这一切都指向"学者型或学术型专家",实则并非如此。

校长们每天扮演的角色除了"管理"者与"专家学者"之外,还经常会扮演"救火队队长""派出所所长""司法所所长""闲人马大姐""居委会主任"等诸多角色。在日常工作中,校长们需处理的繁琐的、事务性的杂事特别多,被牵扯的时间和精力也很多,并不像外界所认为的校长都应该像"教育家"。同样的,由于这梯队的校长人数众多,还是应该由当地专门机构进行培养。

优秀校长、卓越校长和教育家型校长的培养则要依托更高的平台,至少是省市级和国家平台。目前这样的平台也比较成熟,如上海市"双名工程"计划,长三角校长培训,教育部的骨干校长高级研修班、优研班、领航班等。但是数量还不够,课程也需要多元化、考核需要标准化。

(三) 保障机制

目前,我国校长尚未"职业化",其工资待遇是其专技职称决定的,地方政府会有绩效奖励,但区域差异性较大。上海在 20 世纪 90 年代开始试点中小学校长职级制改革,山东等地也开始试点。2010 年国务院颁布《关于开展国家教育体制改革试点的通知》确定上海为中小学校长职级制改革试验区,2013 年教育部印发《义务教育学校校长专业标准》明确指出"义务教育阶段校长实行职级制"。但推广至今,作为一名上海校长,感觉校长职级制带来的待遇分级并不明显,除了在评选特级校长的必备条件"高级一等"的职级需求之外,岗位工资并没有显著增加。

校长作为学校的法定代表人,肩负着"第一责任人"的职责。无论是工作范围、工作强度、工作压力等都比普通教师要高出很多,理应在工资、待遇、收入上比普通教师高。但实际上,由于国内的体制不健全,校长的定位不清,被认可的报酬很大程度上只能通过教师的职称序列、工龄、教龄等来制定。长此以往,校长的职业幸福感与办学积极性都会受到影响。提高校长的收入,不仅会带来职业上良好的体验感,对校长的生活也会带来满意度与幸福感。责任与价值并存,这才是对校长们真正的尊重。

从管理到治理

——新建学校高质量发展的实践与探索

比起纷杂的社会,学校似乎是一方净土。纯洁与率真较其他行业必定略高一筹,但毋庸置疑的是,学校也有复杂性。作为管理者,不仅要有洞察力与决策力,更需要治理力。

凡事预则立,不预则废。要有条不紊推进一所学校的发展,作为管理者必须要思路清晰、目标明确、信念坚定、执行到位,让计划真正落地,实现价值。我曾经在五年内连续创建两所新学校,一所小学,一所九年一贯制学校,目前第二所学校已进入办学第六年,从无到有,从当初的被观望、被质疑到现在的超负荷运转,"一学位难求",两所学校皆是如此。

新建学校有非常鲜明的特点,由于建制的不完整,会产生很多天然的劣势,如制度不完善、课程不丰富、成熟教师与骨干教师人数不足,生源不稳定,设施设备不完备等。如何在短期内将一所新学校开好局,对一个新手校长来说,是在黑暗中摸索路径,在实践中探索经验,在困境中求索真相。

那么,怎样才算开好局?我认为只有实现社会满意度高、师生获得感好、办学质品质优,与学校有关的人都能感到幸福与快乐,那么这所学校才算真正有了生命。作为校长,如何走出一条坚实的办学之路,以下是我的一些尝试与做法。

一、何谓管理？何谓治理？

管理是指一定组织中的管理者，通过实施计划、组织、领导、协调、控制等职能来协调他人的活动，使别人同自己一起实现既定目标的活动过程。管理是人类各种组织活动中最普遍和最重要的一种活动。

学校管理是学校管理者在一定社会环境条件下，遵循教育规律，采用一定的手段和措施，带领和引导师生员工，充分利用校内外的资源和条件，有效实现工作目标而进行的一种组织活动。

学校管理是由管理者、管理手段和管理对象三个基本因素组成的。学校的管理者主要是指学校的正副校长以及各个职能部门的负责人员，此外也包括学校的教职员工。学校的管理手段主要包括学校的组织机构和规章制度。学校管理对象是学校的人、财、物、事（工作）、信息、时间和空间等，他们是学校管理活动的客体或被管理者。

治理是或公或私的个人和机构经营管理相同事务的诸多方式的总和。它是使相互冲突或不同的利益得以调和并且采取联合行动的持续的过程。在治理形态中，包括制度供给、政策激励与外部约束。治理的本意是服务。

中国教育学会秘书长杨银付对中小学校内部治理能力现代化提出三点要求：一是推进中小学校内部治理能力现代化，目标是建设高质量学校教育体系，办好人民满意的教育；二是推进中小学校内部治理能力现代化，核心在于坚持党的全面领导，建立健全党组织领导的校长负责制；三是推进中小学校内部治理能力现代化，关键是激发中小学办学活力,共建共治共享。

二、学校管理1.0版本:抓事

1. 事多:制定"大计划小项目"

一所学校,从零到一,是从无到有的过程。诸多基础性的、原创性的、事务性的事情既多又繁琐,为了确保有限的人员集中精力做事,必须要"精简"。围绕主线"建设",建设必须要有蓝图、有工期、有项目经理。通过取舍与归类,我梳理了华政附校的初级管理模式,即"大计划小项目"。

建校初期,由于学校规模不大,建制不完整,根据实际情况,制定以"大计划小项目"为管理思路的学校建校初期发展规划。五大计划分别是泛智课程、卓越教师、最美学子、博雅筑梦、未来学校。分别指向了课程建设、教师培养、学生发展、学生评价与校园设施环境五大维度。小项目共有十五项,包括学习共同体、乐活团队、学子自治等。

"大计划小项目"的规划,维持了学校最初两年的高效运转,完成了管理框架的搭建。

2. 事杂:组建"一行八中心"

事情多了可以精简,事情杂了则要修剪。在"修剪"的过程中,我努力找准每件事情的性质,分清轻重与缓急,结合建校初期学校获得的政策红利——即编制充足、人员富余的优势,独创了适应学校发展的管理部门,即"一行八中心"。

"一行"即"嘉德银行","八中心"分别是学业质量监控中心、泛智课程研发中心、富林书院德育中心、学校事务中心、卓越教师教育中心、人人教科研中心、未来学校学习中心、党员教师志愿工作服务中心。"一行八中心"管理办法是华政附校在建校初期的特殊计划,在管理办法实施的过程中,严格执行工作量的认定以及考核、评价,召开专项考核结果汇报会。"一行八中心"充分发掘具有特长的中青年教师潜力,发挥骨干教师的辐射、引领作用,建立有效、有活力、有潜力的管理系统;同时也丰富了学生的校园生活,学习内容和形式更加多样化。

让杂事不再纷扰,让杂事蜕变成新事物的增长点,让各条线各司其职,让每个人都为学校的"杂事"作出贡献。实际上,"一行八中心"出台的底层逻辑是"公平",一言蔽之,就是工作量分配的公平,这点对新建学校的文化起点建设来说至关重要。

3. 事乱:实施"周工作追踪单"

新校建设初期,事多、事杂都不怕,就怕事乱。事情一乱,就会乱了阵脚,打乱节奏。所以事情一定不能乱。所谓"乱",像做事目标不清、虎头蛇尾、流程倒置、职责不明、材料缺失都可以归为"乱"。为了避免"事乱","周工作追踪单"管理工具应运而生。

"周工作追踪单"是每次行政会上参会人员备会的主要材料。追踪单以表格的形式在每周五上会前由校长收齐整理。表格共有13项内容,包括条线负责人、活动名称、主要内容、级别、开始时间、完成时间、完成形式、组织管理措施、活动宣传情况、需要协助情况、资料归档情况、活动效果和活动反思。

追踪单理顺了学校各项工作里的乱象。其贡献有三:一是树立了每一位行政管理者的"计划意识",二是交代了每件事的来龙去脉与发展走向,三是建立起了初步的有序的学校管理秩序。

> [管理1.0版本实施感悟]
> 把一件事情做好,如同淬炼出一块合格的钢铁。然而正是这一件一件的事情,堆积出了学校每日运转的面貌,办学成效轮廓渐显。

三、学校管理2.0版本:抓人

1. 校长:领跑的人

在一所学校的成立初期,校长一定是那个最辛苦的人。岗位角色决定了他不能待在舒适区,至少在最初的几年,他的状态是马不停蹄、时刻待命、思考不止。校长是领跑者,领跑者需要把握方向,控制速度,关照队伍,最重要的是选择脚下的道路。校长决定了团队是在塑胶跑道上跑还是煤渣跑道上跑,决定了是往上坡跑还是在平地上跑,决定了每天都跑还是跑两天休一天。

所以,校长作为领跑者必须有清醒的头脑、智慧的思考、极强的行动力。创建一所新学校对校长来说提出了"三高"要求:即高效规划、高速运作、高度自律。筹建并管理一所新学校的校长"自己抓自己",如何抓?按照事情发展规律抓,按照程序流转抓,按照补全学校管理知识弱点抓。

博学、善思、慎书、勤言、补习,这是我作为华政附校"领跑者"给自己谱的"五部曲",以"学"开始,以"习"结尾,循环往复。

具体来说,"博学"是指广泛学习各级各类政策文件、校长专业发展标准、学校管理的理论与前人经验;"善思"是指要对学校的规划与未来有良好的设想与思考;"慎书"是指落笔成文的章程、规划、制度、计划等都要经过深思熟虑与前期调研论证方能落地、实施;"勤言"是指校长一定要勤于沟通,包括与班子内部、全校师生、家长社区、上级部门、外部职能部门等的阐释、宣讲、说服、争取、汇报等工作;"补习",从字面意思上看即"补充学习",前提是有反思,有总结,已找准弱点与漏洞,通过"补习"的方式完善管理能力。"五部曲"只是一篇华章,对于管理学校这首复杂的交响乐来说,这样的循环值得被反复实践与总结。

2. 中层:具体做事的人

在一所学校里,中层管理是中流砥柱,是脊梁。他们是学校工作的具体执行者,是做具体事情的管理者。2020年起,学校制订了新一轮的五年发展规划。依托规划的制订与实施,学校管理的精度与准度逐渐提升。

中层管理者"养成记"不是一蹴而就的,它需要时日。义务教育阶段多数管理者都是"教而优则仕"的教师,他们对学科教学不仅有深厚的感情,更有难以割舍的情怀。很多中层干部的角色转换意识会比较漫长,"转型失败"的案例也比比皆是。从教学骨干成为为上下服务的管理者,很多人会不适应。

这个群体怎么带?我认为要用"三养"去提升。一养角色意识,二养工作能力,三养执行文化。角色意识对中层来说,最重要的是处理好个人学科专业发展与服务学校之间的矛盾。工作能力中,中层管理者最需要具备的是任务分解能力、组织统筹能力、文字撰写能力、交流沟通能力等。

以政教主任为例,当他拿到一个关于学校德育特色活动开展的任务时,他首先要做的是把任务拆分为几个步骤去完成;其次需要组建工作小组来共同完成这项任务,同时确保小组成员间能合作顺利,相互配合,这考验的是统筹能力;他要用规范的文字来撰写活动方案,同时制定并提炼工作特色与亮点,这都需要一定的文字功底;他还要跟副校长汇报工作进展,积极争取广大教师的理解与支持,这是沟通能力的体现。总之,中层的工作能力是综合性的,用流行用词来说,是"跨学科"的。

所谓执行文化,就是在一所学校里中层管理者执行任务的做事风格,是即刻执行,还是拖延推诿;是单打独斗,还是团结合作;是不折不扣,还是缺斤短两;是墨守成规,还是勇于创新。高效的执行文化能确保学校高速运转,它是一种宝贵的学校发展动力,必须精心培养、悉心呵护。

新建学校里的中层管理者通常会有以下几个特点:一是专业尚未站稳,二是管理经验不足,三是身兼数职。松江区作为人口导入区,每年都要新建若干所学校,教师培养与成熟的速度远远跟不上雨后春笋般出现的新建学校的速度。人才被稀释,人才的流动更是复杂多变,充满了不确定性。在这样的局面下,有的学校甚至连一个学科组保证一个骨干教师都做不到,更不用说遴选合适的中层行政管理人员了。这些年轻干部进入管理岗位之后,会遇到诸多问题。由于教龄不长,其专业成熟度不高;同时,面对自己即将要分管的一摊子事没有具备充分应对的能力;而且,这些年轻人往往扮演多个角色,在做教导副主任的同时,要完成学科教师的教学任务,或许担任一个班的班主任工作,极大可能还要担任该备课组的组长。

3. 组长：底下人多的人

如果按照科层制的管理方式而言，校长手底下有两三位副校长，副校长手下有若干中层管理者，中层管理者手下有若干组长，而每位组长手下则有数十位组员教师，在我们学校里，这个数量通常从十多人到四十多人不等。单从数量上来说，组长们管理着学校里最多的人群。因此，组长这支队伍不容小觑。

华政附校在很长一段时间内实施扁平化管理，并且从之前行政队伍的扁平化向下渗透至组长队伍的扁平化管理。主要原因是学校小学规模迅速扩大，在五年时间里从40多人的教师团队壮大到240人。组长们的思想意识、理念观点、业务能力与综合素养将直接作用在他所带领的团队，如年级组或教研组。这支队伍必须过硬，因此每周的年级组长例会不再仅限于事务性工作的布置，而更注重培训。

组长是与基层教师距离最近的管理者，也是最接地气的管理者。"接地气"有其两面性。一方面他们与广大教师同在一线，同处一室，同甘共苦，有着大致相同的工作内容和工作环境，他们有着很好的"同理与共情"的条件，能与大部分教师"说得上话"；另一方面，他们作为一个小团队的领头人，是全组教师关注的焦点，是"上传下达"的桥梁，在布置学校相关工作要求的时候难免会成为众矢之的。组长的号召力、说服力、引领力，决定了整个团队的执行力。

4. 教师：决定学校生长速度的人

我认为学校是有生命力的，因为它是由一个个鲜活的人构筑而成。而教师是学校的细胞，构成学校的肌理与质地。教师群体的整体质量与素养决定了一所学校的成败。所以,教师是学校最重要的人,要提供最适合每位教师的培养方案。

对很多新建学校来说,主要存在以下问题:师资队伍结构不完善、对师德师风建设缺乏经验、业务水平整体偏弱、创新精神与发展意识不强。主要原因是:学校内涵与文化缺失、专业发展培训不能按需供给、教师的归属感与职业幸福感不强。

主要的对策可以是:做好学校规划,包括对师资队伍建设进行整体规划与对学校发展进行整体规划。要完善基于教师发展的学校内涵建设,树立正确的教师教育理念、实施教师教育制度化变革、全方位推进学校内涵建设。尤其重要的是制定不同层次教师群体的培养方案。一是要解决新入职教师的"工学矛盾"。二是要寻求骨干教师更广阔的发展空间,主动对接:突破教师教育各部门之间的层级藩篱;根据不同专业发展阶段、不同岗位、不同区域教师的特点与需求,形成分层、分类、分科(专业)提供培训项目与培训课程的工作机制。搭建教师各个发展阶段的市级展示平台,完善和健全在职教师岗位成长机制。争取"主权":下沉高层次教师教育培训课程。三是要带领"中间层"教师重塑职业发展路径。如采取"2+2"模式,第一个"2"指向"输入型学习"的教师教育,如选拔一批教师外出培训,请校外的专家定期来指导。第二个"2"指向"输出型学习",如让区级名师开设名师工作坊,带教一批准骨干教师;进行教育教学方面的科学研究,进行课题立项,通过理论结合实际的方式进行提升。对处于"中间层"的教师,学校从"共同体"和"个人"两个方面进行教师教育课程设计。其中"共同体"主要包括项目研究、团队活动及成员发展。"个人"的工作规划主要围绕区级八项考核内容。为了高效整合各项工作，华政附校为这些教师专门制定了"三大计划、七大项目"，学分制分年度实施。与区级教研、市级活动整合，为教师的专业发展创造尽可能多的机会，搭建尽可能多的平台，满足每一个发展阶段教师的需求。帮助这些"中间层"教师重塑职业发展路径，让他们走得更高更远。

我一直认为一所好学校的重要指标是：是否具有一支好的师资队伍。对学校而言，教师是第一生产力。如何做到"以人为本"，真正关注教师的需求，是核心，也是关键。作为校长，就是师生的"首席服务官"，为广大学生和教师提供最好的学习与工作环境、搭建最好的发展与成长平台，责无旁贷。

最后是奖惩清晰。当领导者的评价能力不够时，整个系统就会失去效率，甚至会受到损害。相反，如果我们能够对自己的优势和劣势有足够的认识，而不依赖于他人的评价，不仅对教育本身，也会对个人成长和职业发展大有裨益。每一位教师都希望能被公正地对待。而校长就要担负起"公证人"与"仲裁者"的角色。俗话说，清官难断家务事。但作为大家长的校长必须要懂教师、明事理、公正无私。我在每个暑假都会敦促学校教导处和政教处把每一位教师在下一个学年里承担的所有岗位和工作项目都罗列出来，大大小小共有六大类二三十项，其中有任教学科的课时、有中层管理者或者组长的系数、有正副班主任工作岗位、有楼层护导、带教社团等其他折算课时的工作内容。我坚持亲自和每一位教师面对面地交流沟通，把工作的全部内容逐一告知，并让老师本人亲笔签名。当然，每一次谈话不仅仅程序化地签工作岗位任务明细单，更多的是沟通与交流。在一所拥有250多名教师的大规模学校中，要想刻意地与每一位教师接触，必须是计划性的。任何一种随机都会遗漏一部分人,做到尽量不厚此薄彼则是管理者的艺术。

　　清晰的奖惩机制是整个学校团结稳定的保障。尽管在一所学校里良好的价值观并不以物质的奖惩为主导,当然这里所谈的也不仅仅是物质。除了物质,还有精神奖励、培训奖励和荣誉奖励。奖惩机制的建立必须是来自团队的共同价值观,必须是从教师群体中来,至少要经历过自下而上的流程。只有被团队中大部分人认可的机制才是真正能用的规则。

[管理 2.0 版本实施感悟]

　　先抓事,后抓人。是因为事情管不过来了,得靠更多的人去管。一个高效管理者能独当一面,几个团队的高效管理者就能成几何倍数地完成"砌砖",学校之厦逐渐稳固。

四、学校治理 1.0 版本:抓问题

1. 现象:问题从何而来?

　　随着时间的推移,我们会渐渐发现,规划的实施、政策的落地、制度的执行似乎并不会完全按照既定程序一路顺畅地走下去。走在校园里,你会时不时地发现问题会不断地冒出来。有时候是零星的,有时候是成片的,有时候甚至是排山倒海的。

　　问题集中的重灾区:安全、课程、规则。以 2023 年 9—11 月为例,我共发现并记录下来的问题发生在以下一些领域:安全隐患、玻璃房生物

研学课程、大课间、大扫除、档案管理、法治课程建设、剧场吊麦、楼层护导、门口交通、门口礼仪岗、体活课、图书工作、晓法商店、校纪校规,共计14项问题。

这些问题从哪里来?第一类是眼见为实、第二类是"打上门来"。眼见为实的通常是在我巡视校园或在与学生、家长交流的时候发现的;"打上门来"则犹如字面意思所示,基本上问题已经迎面扑上来了,已经是"长出牙齿"的问题了,比如较严重的校园区安全事故、未妥善处理的家校矛盾升级事件等。

2. 探底:问题为何会来?

所有的问题看似杂乱无章,其实还是有规律的。从问题发生的"显性"层面上看,包括规划偏离、政策缺位、制度架空等事实。而从问题发生的"隐性"层面上看,则会看出人心涣散、敷衍马虎、无力应对等线索。那么就要从两条线来治理。

3. 直击:问题如何消失?

问题浮出水面,问题的根源也已找到。那么,如何让问题消失?

根据问题发生的"显性"条线来看,制度建设与执行是最大的问题;从"隐性"条线来看,凝聚人心、提升境界是关键。校长室工作督促单是华政附校在日常工作中应对突发问题与棘手问题的一种工作形式。由校长室发起,督促部门为副校长室、政教处、教导处、总务处、校办等各部门。校长室会对一个具体的问题进行描述,并要求相关条线负责人予以回应、解决,同时校长室也会给出相应的建议,并对工作完成度进行评价。

审视制度是管理者对照着制度或工作要求来分析问题。举个例子。

《华政附校校长室问责问效制度》

1. 各条线负责人应对所分管工作负责。出现问题及工作不力现象，须接受主管部门问责。

2. 被问责人需要定期整改，并向主管部门汇报改进成效。

3. 校长室问责副校长室及总务处、办公室；副校长室问责政教处、教导处。

4. 近期重点工作问责明细（以十月校长室问责为例）：

内容	目标要求	条线负责人	问责触发条件（有下列情形任意一种即启动）
校服着装	全校100%学生按照学校要求正确穿着校服	德育副校长	1. 全校超过10%学生未穿校服； 2. 全校超过20%学生未根据学校要求统一穿校服； 3. 没有根据天气情况合理发布校服穿着要求； 4. 没有做好遗失校服管理。
校门口车辆管理	停放有序、道路畅通、无掉头车辆，方便快捷	总务主任	1. 上、放学造成道路拥堵； 2. 家长满意度低； 3. 道路因车辆停放不规范险象环生。
学生形象管理	整洁、规范、大方、正气	德育副校长	1. 没有做到100%少先队员佩戴红领巾； 2. 超过5%学生留不恰当发型； 3. 没有做到100%学生不佩戴饰品。
体罚/变相体罚	坚决杜绝	教学副校长	1. 有家长投诉以及被查实的此类事件； 2. 在自查中发现此类事件并未解决； 3. 有上级部门直接质问的此类事件。

(续表)

内容	目标要求	条线负责人	问责触发条件(有下列情形任意一种即启动)
学生手机管理	严禁学生带手机入校	德育副校长	没有做到100%学生不带手机及通信工具入校。
学生问候礼仪	热情、大方、自信、得体	德育副校长	1. 全校超过10%学生没有在校门口讲礼仪； 2. 全校超过10%学生没有敬规范队礼； 3. 全校超过10%学生没有在校园内问候校内外教师。
大课间	出操静齐快、做操规范有力、管理教师各司其职、活动内容安排合理	体育课程负责人/德育副校长	1. 全体体育老师未积极参与相关班级管理； 2. 全校3个班级以上队伍纪律不严明、队形不整齐； 3. 全校10%学生做操不规范、动作不到位； 4. 10%班主任管理队伍不到位。
眼保健操	应做尽做、动作标准、降低近视率	德育副校长	1. 没有100%班级中有教师在管理； 2. 每班超过10%学生没有认真做操。
楼层值日	杜绝"空岗"，杜绝楼层伤害事故	德育副校长/办公室	1. 没有100%教师到岗到位； 2. 走廊上学生奔跑、吵闹现象频发； 3. 因楼层值日教师失职导致的学生伤害事故； 4. 未做好签到表管理与存档。
班级滞留学生	班级内除特殊情况，不留一生	德育/教学副校长	1. 发现不明原因学生滞留班级现象； 2. 每班超过5名以上学生滞留班级； 3. 每楼层超过10名学生滞留班级。

(续表)

内容	目标要求	条线负责人	问责触发条件(有下列情形任意一种即启动)
新教师教育教学(1—3年)	严格遵守教学五环节、履行班主任职责	教学副校长(1—4)德育副校长(4—6)	1. 超过5%的课无"一课一案"; 2. 10%的作业批改不规范、无订正及复批; 3. 5%的课评定为C及以下; 4. 存在家长普遍反映以及被确认的问题; 5. 因家校沟通不畅引发的矛盾; 6. 班级管理存在较大问题且无明显改进。
学生常见伤害事故	零事故、零伤害	德育副校长(1、4)教学副校长(2、6)总务主任(3、5)	1. 校内发现学生携带危险物品,如萝卜刀等; 2. 因安全教育不到位导致的事故,如体育课; 3. 因场地、设施设备有隐患导致的事故; 4. 因《中小学生行为规范》《华政附校校规校纪》等学习不到位导致的校园欺凌、事故等; 5. 因校园内交通工具导致的伤害事故; 6. 因实验室内危化品导致的伤害事故。

这是一份表格式的有时效性的制度。文字并不多,甚至也不够严谨,但具有导向性。这份制度的缘起是多个问题不止暴露一次,不解决的话就会影响学校秩序。

与制度一起出台的,还有一项管理工具:校长室工作问责问效单。

华政附校校长室工作问责问效单

编号:202301009

学期:2023 学年第一学期	时间:2023 年 10 月
问责内容:操场、下沉式广场、司令台等安全隐患未及时发现、排除	所属条线:总务处
主要负责人:赵××	问责部门:校长室
步骤一:具体问题描述	步骤二:负责人回应
1. 操场设施老化、破损,未及时发现处理导致学生受伤(目前至少两处)	操场塑胶已于本周向基建中心申请维修改造工程,基建中心尚未回复,下周继续对接此事。但施工最快也要到寒假。
2. 下沉式广场昨日校长室带领物业消除安全隐患 5 处(含端口锋利钢柱两根、老化呈锯齿状的塑料粗管两根、缺失盖子的地面管道口一个)。据悉,钢柱已使六年级某生受伤	发现的问题已整改。另外,绿化区域遗留的加固装置于本周日前全部拆除,校舍内有凸起物品应拆尽拆,不能拆的做好防护。相关台账整理中。
3. 司令台大理石损毁区域断口锋利	已安排维修。
4. 不排除校园其余区域有更多安全隐患	10 月 25 日总务处协同物业已对校舍绿化带、操场、连廊区域重点排查了安全隐患。相关台账整理中。
步骤三:建议(由校长室填写) 1. 做一次彻底排查 2. 建立定期检查制度 3. 每周进行集会(大课间)安全教育(典型案例)	
问责日期:2023 年 10 月 25 日	建议整改日期:即日起
预计整改汇报日期:2023 年 11 月 5 日前完成全部整改。(总务主任填写)	整改过程简述:全校排查,定期复查,已全部完成整改。如有新增问题,及时整改。

(续表)

学期:2023学年第一学期	时间:2023年10月
整改效果简述:1.已完成清除绿化区域的安全隐患;2.已完成操场跑道上的四处下沉隐患。	整改效果评价:(ABCD) 自评:A 校长评价:

填表说明:
1. 本表格由校长室向被问责部门发放,负责人在1个工作日内完成"步骤二"填写。
2. 完成步骤一、步骤二之后,校长室会填写步骤三,并召集主要负责人确定整改措施。
3. 整改完成之后,请主要负责人填写表格剩余内容,在当周或下周的校长办公会上进行汇报。
4. 本表活动期间将以在线文档形式完成分工填写,由校办负责整理校长室的全部问责单,期末纸质稿存档。
5. 整改汇报工作完成之后,如效果不佳,将进行二次问责问效,直至达成目标。

有了这项管理工具,问题解决就有了具体的抓手。2023年9月到11月,校长室共开出了14张问责问效单。每开出一份单子,就由校长以在线文档(多人编辑)的模式发送在行政工作群里,请被问责负责人进行回应,并立即整改。目前,这14份问责问效单已全部整改完毕。

"问责问效单"是学校中层管理者及副校长工作效率与工作能力的放大镜与显微镜。这是华政附校学校问题治理的工作形式。在学校现代治理中,"接诉即办"工作机制革新不仅彰显了其在"源头治理""综合治理""长效治理"方面的独特推动力,在提升学校治理效能方面也蕴含着强大的驱动力。问责问效单的出台是从问题发生的"隐性"层面治理,就是需要改变相关人员的思想,如责任意识、问题意识。尤其是问题意识,我认为是所有学校管理者最重要的一种能力。通过每周的校长办公会,让班子成员共同探讨、集中在线填写单子、寻求解决问题的方法、相互指导与评价。通过这样的培训,树立起全体行政管理人员的责任意识,为今后实现自动化管理奠定基础。

> [学校治理1.0版本实施感悟]
>
> 确切来说,这是对前两个版本管理的纠偏。修建学校之厦谈何容易,总会有打盹的人,炼出残次的砖。当管理这种套路逐渐麻木之时,或许来一剂治理的强心针能引起警醒。事实证明,这个方法高效好使。

五、学校治理2.0版本:善治

如果说学校治理1.0版本是"大家来找茬",那么华政附校学校治理2.0版本,我称它为"珍珠抛光"工艺。珍珠是什么?为什么要抛光?怎么抛光?抛完光干啥?我认为,如果通过集体的力量,能解决完成最后一个问题,那么学校就开始走向了"善治"。

善治是随着治理理论的发展而提出的新概念。在学校里,我认为它是学校管理者与广大教职员工对学校共同生活的合作管理。善治的主体未必是学校管理者,甚至也无须依靠管理者的强制力量来实现。

通过校长室工作督促单,我们尊重事物发展的规律,凸显学校治理中的服务意识。在我的眼中,"珍珠"是学校在积极发展中的现象,"抛光"的目的是让这些现象成为经验甚至是学校传统,"抛光"的方法很多,目前我们正在实践《校长室工作督促单》(下简称"督促单"),抛完光之后,我们会串成项链,这就是学校值得传承的瑰宝。

督促单与问责问效单的本质区别在于,问责问效单是要去解决各种各样不应该出现的问题,是对工作制度、要求、流程、执行的对照与改正。而督促单是为了让事情更加高效完成,是学校在新建初期对发展加速的要求。

还是以 2023 学年第一学期为例,2023 年 9 月到 11 月,校长室共开出了 12 张工作督促单,涉及课程建设、体育作业、班风建设、教师个别化培养、预防近视、校服流转、资源建设等工作条线。

善治是一个上下互动的管理过程,它强调管理对象的参与。我在推行问责问效单以及工作督促单的过程中,始终强调问题中极强的互动性。

校长室给出督促工作的主题与主要内容,并提出若干建议,相关条线负责人就需要回应。并就预计完成时间、工作过程简述、工作效果等进行过程性记录。在最终完成这项工作之前,这份在线文档始终处于随时被编辑的状态。

后续,借助信息化手段,实现无纸化留痕办公及校园物联网建设。为管理者释放更多的时空,使其专注学校的内涵建设与长远发展。

六、学校治理 3.0 版本:无为而治

这是未来理想的学校运行方式——逐层赋权,无为而治。当然,实则需要管理者更高的智慧。在这个过程中,也会出现管理与治理交替进行、平行进行,直至达到善治的境界,学校有非常合理的权力组织架构、相匹配的工作规范与流程、相互制约又不牵扯的内控制度等,学校将呈现高度的自动化运行。

七、思考:何时管理? 何时治理?

1. 人手多寡时需要管理

学校成立初期,总会遇到人手不足或者人手富余的情况。人多人少意味着工作量的浮动,也就意味着公正与公平。这个阶段亟须管理。

2. 人浮于事时需要治理

随着时间的推移,如同"熵增"理论,任何事物都开始不可避免地"混乱",学校也不会例外。

对校长而言,办学校如同创业,即使前路充满了荆棘与挑战,也要开拓前行、勇往直前。我们不是孤军奋战,在每个人的背后都有学校的支持、组室的关怀、同伴的帮助、学生的配合、家长的鼓励、社会的关注。这一切都将交织成一张人与人情感缔结的网,当你无助时,它会包裹你,让你温暖;当你跌落时,它会兜住你,让你安全着陆;当你成为其中一员时,学校将拥抱你,彼此成为一个整体。此时,我相信我们将所向披靡,网罗世间与校园一切的美好。

学校应该在每一位老师的参与及配合下,如同植物一样向阳而生、蓬勃生长。当然,在学校管理的过程中也会遇到一些挑战与困难。新教师的培养与发展,成熟教师的价值感打造,绩效工资的考核与申诉,课程建设特色的鲜明化,学校培养目标的细化深化,学生的综合评价等,都需要在实践中作进一步的思考、探索与完善。

让九色花词典告诉你
——基于人文与阅读的学校文化构建

关于《九色花词典》

《九色花词典》是一本专属九亭第四小学的词典。它的名称由来是学校的校徽"九色花",所收入的词条都是和学校学生育人目标、课程建设、师资培养和内涵发展有关的内容。九亭四小成立于2014年7月,在学校不断发展进程中,全体四小人用智慧与敬业编纂着这本不断增厚的词典。

第一部分　认识九亭四小

词条1:九亭四小办学理念
每一个孩子,每一个机会,每一天(Every child, every chance, every day)

我们相信每个孩子都是独一无二的个体,他们外显的个性与内在的潜能,都需要在启蒙教育阶段被发现、被激发。我们愿意为他们提供发展的机会,搭建展示的舞台,让他们能够在童年建立起正确的认知观、良好的习惯、充分的自信力和初级的批判思维能力。

我们的办学理念就是将教育理解为"人"的教育,以"人性"为主要育人依据,为每一位孩子的终身发展奠定基础:尊重每一个孩子,珍视每一次机会,珍惜每一天。

词条2：九亭四小校训

仁礼、博雅、惜时、行远(love and courtesy, learned and accomplished, cherish time every day, to be an explorer)

我们要求全体四小人在人格修养上做到"仁礼",即内心善良而谦谦礼让,温良恭顺而性格坚毅;学识修养上要"博雅";工作和学习的态度上讲究"惜时",追求高效而严于律己的行事习惯,善于时间管理和个人管理;志向上要"行远",我们期待每一位四小人的人生都是精彩且意义高远的。

词条3：校训之"仁礼"

《论语·颜渊》:"樊迟问仁。子曰:'爱人'。"又"克己复礼为仁。一日克己复礼,天下归仁焉"。

词条4：校训之"博雅"

出自《后汉书·杜林传》:"博雅多通,称为任职相。"

词条5：校训之"惜时"

珍惜当下,珍惜每一分每一秒,爱惜当前的时光,将来才不会为当下的时光流逝感到哀痛。一诗说:"三春花事好,为学须及早。花开有落时,人生容易老。"

词条 6：校训之"行远"

行远，典出《中庸》："君子之道，譬如行远，必自迩；譬如登高，必自卑。"

词条 7：校徽九色花
九片不同颜色的花瓣分别代表：健康、整洁、有礼、善良、惜时、坚毅、纯真、创造、个性

让每一个九亭四小的孩子，在色彩斑斓的童年时光中，获得专属的、量身定制的教育服务。为了每个孩子呼之欲出精彩的未来，我们将始终坚守最初的教育梦想，为缔造全方位的优质公民而不懈努力。

词条 8：九亭四小校风
朝气蓬勃、井然有序

我们理想中的九亭四小是一个充满朝气与活力的教育场所，它用蓬勃而旺盛的生命力影响每一位四小人。但同时，良好的规章制度、完善的组织构架、和谐的人际关系又补充和支撑着学校的良性发展，使学校的运转忙而不乱，充满一种理性的秩序感。

词条 9：九亭四小教风
科学严谨、扎实有效

我们要求四小的教师具备高度的专业能力，包括敬业精神、学识能力、团队协作态度和执行力。教育应该是一门严谨的科学，她不仅是一种"一朵云推动另一朵云"般诗意地相互感染,更是一种基于数据、可测的教育行为。

词条 10：九亭四小学风
乐学善学、彰显个性

我们理想中的每一位四小孩子都能热爱学习,对新知充满好奇,对世界有探索的渴望;并通过教师的引导,掌握有效的学习方法。同时,我们希望在目前格式化的教育模式下能尽可能地保留孩子的天赋与个性,为每一个小小的灵魂预留一片未来的缤纷天空。

词条 11：九亭四小办学目标
从人性出发，以人文见长；践行社区融合，紧跟时代发展。

我们坚守儿童立场,立足"人性"本质开展教育;结合办学特色,以人文为发展方向;倡导教育的合作性,即"教育是全社会、家庭和学校共同的责任",任何一方都不能推卸;我们力求与时俱进,不断尝试新技术、新理念、新方法用于实现办学目标的最大化。

词条 12：九亭四小育人目标
（1）具有良好的身心素养；
（2）具有较强的英语与汉语语用能力；
（3）具有初级对自然科学探索的欲望；
（4）具有一定的文化修养与国际视野。

词条 13：九亭四小学校愿景

通过所有四小人的不懈努力，把学校建成办学理念新、文化品位高、教育质量优、社会声誉好的松江区乃至上海市的品牌小学。

学校愿景是一所学校对未来办学效果的憧憬与期待，是全体四小人共同的目标，是长期的、不断发展的。

第二部分　走进九亭四小

词条 14：3E 课程

3E 课程，即具有九亭第四小学特色的统领性课程。其名称由来是从九亭第四小学办学理念"每一个孩子，每一个机会，每一天"的英语版本"Every child, every chance, every day"的三个首字母"E"凝缩而成。

3E 课程包括基础型课程、拓展型课程和探究型课程。其中，第一个 E, Every child, 对应拓展型课程，即关注每一个孩子的个性发展，满足需求。第二个 E, Every chance, 对应探究型课程，即为每一个孩子创造尽可能多的学习机会，体验成功。第三个 E, Every day, 对应基础型课程，即将国家课程进行全面落实、有机整合，并渗透学生每一日的生活，夯实基础。

词条 15：3E 之基础型课程

Every day, 这个概念对应三类课程中的"基础型课程"，旨在凸显国家课程的必修性质，即每个学生在校的"每一天"都必须要完成相应的课程学习。但我们又对国家课程进行了课程整合与创新，倡导"二度开发",将国家课程尽可能地"校本化"以适应本校学生的实际需求。

词条 16：3E 之拓展型课程

Every child,对应三类课程中的"拓展型课程",旨在让每一个孩子都得到充分的发展。根据不同个体的能力、兴趣和愿望所在,与学校、教师、课程达成一致。关注每一个孩子的需求,并尽可能地丰富学校课程为其打造获得"学习经验"的多样途径。

词条 17：3E 之探究型课程

Every chance,对应的是三类课程中的研究型课程。童年是形成一个人未来人格走向与兴趣发展的关键阶段。为学生不遗余力地创造各种机会,培养他们的发散思维、问题解决能力、批判意识与设计想象力,是一个民族具备强大创造力的基础。除了国家课程规定的"学习包"课程,我们将设计并开发儿童博物系列体验课程。旨在让学生了解世界的多样形态,为将来的生活做好认知的基础。

词条 18：儿童通识课程

包括四大类课程,通过快乐活动日作为载体。

词条 19：A&M 课程

A&M 课程是融合艺术鉴赏、信息技术操作能力、演讲技巧于一体的特色课程。它是一门综合性能力训练课程。

本课程旨在提升儿童的审美能力,培养新技术使用能力,建立其在公众场合的演讲能力与口才。

每个孩子都是独一无二的个体,我们希望通过 A&M 课程,四小自己的 TED 大会,来传播这些优秀的思想,让全校的师生都能为每一个孩子的成功而喝彩。

词条 20:3E Rush Raid

三 E 寻宝之旅(3E Rush Raid)学生综合素养评价体验活动是全体学科的集大成者。包括了语、数、英、音乐、美术、自然、体育、"美好四小"德育项目、"四小特色"项目共 9 大评价领域,27 项评价项目,100 条评价标准,各领域根据评价标准分设 1—4 个等第。

词条 21:"大计划、小项目"

"大计划、小项目"是九亭四小行政独特的管理模式。它将学校在一学年内各条线的任务以"大计划"的形式予以统整,并以"小项目"作为具体活动的载体。设有项目工作组及负责人。如 2015 学年,学校设有包含教学、德育、课程、师训、党务、总务、家校等条线工作在内的 6 个大计划、26 个小项目。

词条 22:"完美学期"计划

"完美学期"计划是学校最重要的工作任务之一。它包括绿色课堂、3E 课程、"美好四小"、温馨教室、梦想之城、成长之阶和完美假期七个项目。

词条 23：美好四小

"美好四小"是学校的精品德育项目,它的由来是"四个好""四个美",即吃好饭、走好路、做好操、上好课;语言美、环境美、心灵美、形象美。每一项指标都有具体的操作、指导和评价细则。我们力争打造良好的素养和习惯,为每个孩子在未来的竞争上打好基础。

词条 24：温馨教室

"温馨教室"是传统的考量办学的检验指标,除了必要的板块设置,我们更主张寻求班主任和班级学生之间的共同价值观的探讨,并用显性的布置来表达。在九亭四小,每一间教室都有一个鲜明的主题,比如海洋、森林、电影梦工厂等。同时彰显学校特色课程,如二十四节气传统文化的元素。

词条 25：梦想之城

"梦想之城"的含义有三种,第一它是我们校歌的名称;第二它是九亭四小的昵称;第三它是集安全、美好、文明的校园环境于一身的综合体总称。

梦想之城

飞鸟掠过　湛蓝天空　花儿在微笑

孩子幻想　绿草芬芳　绽放

这是我的　梦想家园

这是一座　爱的城堡

悄悄触碰　世界最初的美妙

鱼儿游弋　清澈溪流　风儿轻飘荡

孩子祈祷　梦想发芽　闪耀

属于我的　小小世界

拥抱我的　大大梦想

小伙伴们　一起手牵手奔跑

仁礼博雅啊　惜时行远啊

镌刻出　美好四小　未来的模样

虽然我还那么小

但是我有大大梦想

那道彩虹　请触碰我的年少

仁礼博雅啊　惜时行远啊

凝视着　披荆斩棘　奔跑的方向

无论风雨多么大

不管彩虹多么遥远

坚持我们　这座城的梦想

词条 26：成长之阶

　　"成长之阶"是一个融具体与抽象于一体的项目。它既是校园中一面面会说话的"Show Wall"，更是用全体四小教师智慧与心力浇筑起来的孩子们各种才艺与学习经验的展示空间。学校的彩虹走廊里布置有二十四节气传统文化含义;教学楼的每一层都有不同的特色文化布置,如优秀儿童书籍、优秀儿童电影、优秀中外纪录片、优秀教师读物等,通过海报相框及主题照片墙的设计让每一位四小人每一天都能徜徉在优质文化的海洋中。台阶文化也堪称一大亮点,每一层的台阶根据校训,设计了不同主题的中英文警句箴言,时刻提醒着每一位四小人遵守"仁礼、博雅、惜时、行远"的校训做人行事。

词条27：完美假期

我们不仅关注我们能看见的,我们更关注我们无法看见的。活动包括"我的假期我做主"之"我的运动我做主""我的学习我做主"等。通过公众微信号展示学生在假期内的风采,并在新学期初进行表彰。

词条28："四小读书人"计划

我们理想中的"读书人"应该具有文质彬彬、知书达理、博学多识的特质。该计划旨在营造一种四小人特有的读书人气质与涵养。

词条29：二十四节气经典诵读课程

使学生从小受到中华传统文化的熏陶,提升学生的审美品位和古典常识,促进学生身心健康成长;培养学生勤于读书、独立思考的良好习惯与能力,正确处理学习与批判、继承与发展的关系。

词条 30：绿色课堂

"绿色课堂"旨在聚焦课堂与教学,力求通过高效的教学行为和途径,实现减负增效,最大程度地契合绿色学业测试的十大指标。我们通过校本研修提升教研组的教学能力,通过课堂观察跟踪教师教学动态,通过数据分析监测教学质量。

词条 31："百万富翁"阅读挑战赛

"百万富翁"阅读挑战赛是一项长短期结合的学生阅读活动。每学年推出符合不同层次学生的书单,并为每一本书定级:将字数、难度等级逐一认定。每一本书有相应的阅读检测单,通过"百万富翁"银行卡认定并存储每位学生的阅读量。"百万"的含义是指到五年级毕业的时候,理想状态的学生的阅读量能达到一百万字。

词条 32：亲子读书会

"亲子读书会"是家校互动的体验项目,每个月我们都会向全体学生和家长推荐一本书,通过共读一本书的经历来激发阅读热情。我们通过派对的形式来组织活动,在活动中有教师、家长、学生的阅读体会交流、阅读指导经验分享等。

词条 33：图书馆课程

图书馆课程是学校将课表上的每一堂阅读课都带进阅览室,在专职阅读教师的导读下,全班共同阅读一本"大部头"的书,分期分批地完成较难的阅读任务。我们希望的阅读不是碎片化的、过度娱乐化的,我坚信必要的有系统的阅读能锻炼人的思维,扩大小眼看世界的视角。

词条 34：LOHAS 乐活计划

LOHAS 是英语 Lifestyles of Health and Sustainability 的首字母缩写,意为以健康及自给自足的形态过生活,是全球兴起的一种新的健康可持续生活方式。在九亭四小,该计划由"乐活办公室""乐活团队"和"乐活达人"三个项目组成。其中"乐活办公室"(LOHAS Office)旨在营造一种和谐、健康的办公室文化;"乐活团队"(LOHAS Team)旨在打造优秀的年级组、教研组、党团支部;"乐活达人"(LOHAS Talent)旨在挖掘一批在教育、教学、学习、生活中的教师达人和学生达人。

词条 35："卓越教师"计划

"卓越教师"计划是学校针对不同教龄教师的特点,精心设计的一套培养方案。它包括"蓓蕾工程""青蓝工程""新秀工程""名师工程"和"桃李工程"在内的五个项目。

词条 36：PTA 联盟计划

PTA 联盟计划是九亭四小家校工作的统称。PTA 是英语 Parent Teacher Association 的缩写。它包括"家长学校""家委会""家长志愿者"和"家长微课堂"等项目。

词条 37：数字校园计划

"数字校园计划"是学校信息化工作的统称。它由"云课堂""学校网站""班级主页""学校微信公众号""功能平台"等项目组成。

第三部分　九亭四小的未来

未知词条1：一所孩子的学习乐园

　　如果一所学校能成为孩子喜爱的地方,吸引他们每日都愿意来的场所,那么它便是成功的。我们将努力构建与完善现有的课程,丰富与设计更多的活动,关注学生身心的每一个细微的需求,让每一个孩子爱上学,善学习。

未知词条2：一片教师的成长沃土

　　如果说学生是学校里的学习主题,那么教师是教学的教育主体。教师的成长关乎学生的成长,也关乎学校的发展。"在四小,我们看得见每一个人。"我们不仅关注学生,也关心教师个体与团队的成长。作为受过高等教育,具有专业资格的知识分子,激发其内在对职业价值的追求与敬畏生命存在的内驱力,是我们将来致力的方向。

未知词条3：一个梦想的理想摇篮

　　九亭四小是一所年轻的学校,它刚刚踏上教育的征程,却要担负起培育一个个幼小生命体成长的重任。让行动力为梦想构筑一方坚实的土壤,打造属于这个时代的竞争实力,让它成为梦想家的摇篮,成为每一个四小人未来的骄傲。

嘉德词典

〔嘉德〕

嘉德,即美好品德。这是华东政法大学附属松江实验学校所有工作的底色。

〔让每一个人遇见最好的自己〕

这是华政附校的办学理念。"每一个人"有三层含义,分别是学生、教师和家长。"最"意味着尽我所能的拼搏精神。我们坚信"真善美",是每个生命都值得毕生追求的人类瑰宝。

〔让知道成为做到〕

这是华政附校的校训。来自"知行合一"与"学思结合"。从"知道"到"做到"最重要的是"方法"的桥梁。只要方法得当,信念坚定,每个人都能遇见最好的自己。

〔明德崇法、勇于尝试、自信表达〕

这是华政附校的课程目标。作为政法类大学的附校,具有天然"法"的属性,培养学生"明德崇法"成为重要的目标;"勇于尝试"代表了敢于拼搏、积极实践、奋斗进取的精神;"自信表达"则彰显学校培养有主见、善表达、有自信的新时代学子画像。

〔大计划小项目〕

这是华政附校管理1.0模式。建校初期,由于学校规模不大,建制不完整,根据实际情况,制订以"大计划小项目"为管理思路的学校建校初期发展规划。五大计划分别是泛智课程、卓越教师、最美学子、博雅筑梦、未来学校。分别指向了课程建设、教师培养、学生发展、学生评价与校园设施环境五大维度。小项目共有十五项,包括嘉德银行、学习共同体、乐活团队、学子自治等。

〔周工作追踪单〕

这是每次行政会上参会人员备会的主要材料。追踪单以表格的形式在每周五上会前由校长收齐整理。表格共有13项内容,包括条线负责人、活动名称、主要内容、级别、开始时间、完成时间、完成形式、组织管理措施、活动宣传情况、需要协助情况、资料归档情况、活动效果和活动反思。

〔泛智课程〕

这是华政附校课程1.0版本。2018—2019年建校初期,学校着手建设"泛智课程",其理论基础来自夸美纽斯的"泛智论",意在培养具备通识能力的全面的人。

〔广富林课程〕

这是华政附校课程2.0版本。2019年起,依托学校天然的地理优势,根据周边资源,如广富林遗址公园、辰山植物园等,尝试构建多学科整合的课程。其中,广富林研学课程颇为成功。

[晓法课程]

这是华政附校课程 3.0 版本。将"知法""明法""通法"的概念分别对应基础型课程、拓展型课程、研究型课程,同时,"晓法"也是学校吉祥物的名称。

[行知课程]

这是华政附校课程 4.0 版本。"行知"二字来源于校训"让知道成为做到",即"知行合一"理念。行知课程包含了国家课程、地方课程、校本课程三大领域,强调"做中学""用中学""创中学","行"代表了行动力、"知"代表了知识,只有"知"与"行"的有效结合,才能真正培养学生的能力。

[五大工程]

"五大工程"是指华政附校教师培养计划。根据教师的教龄、专业发展水平,为不同教师分别制定了蓓蕾工程、青蓝工程、新秀工程、名师工程、桃李工程。五大工程有各自的培养目标与培养任务,极力适应教师日益增长的专业发展需求。"蓓蕾工程"是为新入职教师打造的师训课程。包括入职前浸润式的培训,"影子教师"等项目,旨在让新教师快速进入岗位角色。"青蓝工程"是为已站稳讲台、但仍处于职业早期的教师打造的师训课程。青蓝工程来源于"青出于蓝而胜于蓝",培养目标是希望尽早发现一批、培养一批、成就一批青年教师队伍。"新秀工程"是为培养各级各类青年骨干教师打造的师训课程。新秀一词是为了回应松江区区级骨干选拔与培养教师类型"教坛新秀",旨在为在校内已崭露头角的青年教师搭建阶梯,走上区级的平台。"名师工程"是为培养各级各类成熟型骨干教师打造的师训课程,这是学校为培养区级骨干名师搭建的学习平台。"桃李工程"是为各级各类名师、资深中老教师打造的师训课程,为疏通老教师的"职业瓶颈期",重新激发其活力,寻找新的职业增长点,通过指导带教、引领辐射,以深化专业能力,培养正高级教师为主要目标。

〔影子教师〕

这是"蓓蕾工程"的前置培训。"影子教师",顾名思义,就是指即将入职的准教师跟着带教师傅,在其工作期间如影相随,深入日常教学活动。通过该培训,影子教师基本知晓作为一名教师的责任、工作内容、工作强度等。学校也在这期间观察影子教师是否真正适合及胜任未来的工作岗位。

〔嘉德银行〕

这是华政附校学生评价体系的总称。总部在政教处,负责制定学生评价标准、印发嘉德币、运营晓法商店等事务。

〔嘉德币〕

这是由学校嘉德银行印发的纸质"货币",每年根据学生人数定额发放给教师,由教师作为奖励发放给学生。同时,学校各处也有权利用嘉德币奖励学生。嘉德币每年都会设计不同的版本。在未来,嘉德币将以虚拟货币形式出现。

〔嘉德学子〕

这是华政附校学生评价的荣誉称号之一。嘉德学子是学生评价体系中德智体美劳综合素养最优秀的学生。每学期结束,由学生自荐、班主任推荐、班级选举结合产生。

〔优嘉学子〕

这是华政附校学生评价的荣誉称号之一。通常表彰在学业成就上表现突出的学生。每学期结束,由学生自荐、班主任推荐、班级选举结合产生。

〔优行学子〕

这是华政附校学生评价的荣誉称号之一。通常表彰学习进步较大的学生,是学校学生增值性评价的主要方式。每学期结束,由学生自荐、班主任推荐、班级选举结合产生。

〔一行八中心〕

学校管理模式1.0版本。"一行"即"嘉德银行","八中心"分别是学业质量监控中心、泛智课程研发中心、富林书院德育中心、学校事务中心、卓越教师教育中心、人人教科研中心、未来学校学习中心、党员教师志愿工作服务中心。"一行八中心"管理办法是华政附校在建校初期的特殊计划,在管理办法实施的过程中,严格执行工作量的认定以及考核、评价,召开专项考核结果汇报会。"一行八中心"充分发掘具有特长的中青年教师潜力,同时发挥骨干教师的辐射、引领作用,建立有效、有活力、有潜力的管理系统;同时也丰富了学生的校园生活,学习内容和形式更加多样化。

〔问责问效单〕

这是华政附校学校问题治理的工作形式。表格由校长室向被问责部门发放,负责人在1个工作日内完成"步骤二"填写。完成步骤一、步骤二之后,校长室会填写步骤三,并召集主要负责人确定整改措施。整改完成之后,请主要负责人填写表格剩余内容,在当周或下周的校长办公会上进行汇报。本表活动期间将以在线文档形式完成分工填写,由校办负责整理校长室的全部问责单,期末纸质稿存档。

〔校长室工作督促单〕

这是华政附校在日常工作中应对突发问题与棘手问题的一种工作形式。由校长室发起,督促部门为副校长室、政教处、教导处、总务处、校办等各部门。校长室会对一个具体的问题进行描述,并要求相关条线负责人予以回应、解决,同时校长室也会给出相应的建议,并对工作完成度进行评价。

〔行知单〕

这是华政附校的一种作业形式。自建校起,学校就把作业设计视为重点工作。行知单的"行"意为"实践、操练",行知单的"知"意为"知识、课堂所学的理论"。

〔晓法商店〕

这是学校嘉德银行学生评价体系的一部分。商店设在嘉德楼底楼,毗邻少先队队室。商店由大队部运营,店长及店员均由学生担任。是华政附校"学子自治"计划的重要阵地。店内商品主要是学校文创周边产品,学生用嘉德币进行购买。

〔星期二音乐会〕

这是华政附校美育的阵地之一。每周二,在学校下沉式广场都会举行一场别开生面的音乐会。音乐会由政教处管理,学校音乐组组织、统筹。音乐会是开放式的模式,欢迎所有表演者及观众。目前已开展百余场。网课期间,多场云上音乐会亦有别样风采。

〔一场演讲〕

这是华政附校课程培养目标"自信表达"的展示平台之一。目标人群为6至9年级的学生,每学期学校会不定期组织开展演讲活动,主题丰富。通常会结合学校特定的校园文化活动,如在感恩季开展"感恩"主题的演讲,在毕业季开展"高效学习者"的演讲等。

〔60秒演讲〕

这是华政附校课程培养目标"自信表达"的展示平台之一。目标人群为1至5年级的学生。学生被鼓励当众演讲60秒以上,通过课前两分钟在班级展示,也有机会在年级、校级平台展示。

[72小时板书]

　　这是学校的一项重要的课程改革。教师被要求每节课课后将当堂板书在指定区域展示固定三日,供学生持续学习巩固。该改革旨在提升教师的板书设计能力,提高其趣味性的同时增加教师与学生间的相互合作能力;提高学生在板书过程中的实时参与度,增加学习兴趣的同时对知识点有更深刻的理解,对知识间的联系有更加清晰的认知;加强教师与学生间共同学习的有机连接,培养学生良好的学习习惯。

[博雅书屋]

　　这是华政附校班级图书馆的名称。"博雅"代表了知识渊博,言行文雅。博雅书屋的建设标准是人均至少25册书籍。学校为此为每间教室制作了整面的书橱,便于学生存放图书。每学期,政教处都会开展博雅书屋评比,有星级班级图书馆的定级。

[数字化转型]

　　作为上海市基础教育数字化转型试点学校、松江区数字化教材实验学校,以教育数字化作为工具支撑教学创新,充分利用"CLASSIN"数字平台和上海市中小学数字教学系统"三个助手"平台的数字平台优势,成立研究团队,积极投身于"数字化课堂转型"的探索,为学生知识学习、深度学习、项目化学习、个性化学习以及自适应学习搭建支架。学校以教育数字化促进课程线上线下多元融合,打造以"小云朵"为主题的系列线上活动,通过云社团环游记、云上逛美术馆、在线云导师团等活动让数字化资源与课程深度融合。学校以教育数字化聚焦数据推动精准教研,通过"专课专练"平台、极课大数据平台,打造基于智慧笔分析的精准课堂,帮助教师多维度分析学生学习的过程和结果,充分关注学生核心素养的发展和教师专业能力的提升。

〔行知三讲〕

这是华政附校师训品牌。"行知"来源于学校校训"让知道成为做到","三讲"即"首席讲学""名师讲堂""新秀讲课"。从更深层的内涵而言,"行知三讲"一讲"师德",二讲"专业",三讲"发展"。

〔学霸开讲〕

这是一项面向学生的演讲活动。这里的"学霸"既有校内的,也有校外的。校内的"学霸"可以是教师,可以是学生。华政附校有着一支来自毕业于全国著名高校的优秀师资,他们的存在本身就是无声的激励,他们的现身说法更能使他们成为学生的榜样。同样,"小学霸"们也散落在各个年级与班级,他们或品学兼优,或学习方法得当,或在某些领域独具特长,学生与学生的分享更好地诠释了来自"同伴"的力量。校外的"学霸"则依托往届优秀毕业生与松江大学城各高校大学生来现场讲述他们的故事。每一次的"学霸开讲"活动都值得期待。

第二辑
教育的可能

当我们谈教育时，我们谈些什么

村上春树受雷蒙德·卡佛的《当我们谈论爱情时我们在谈论什么》启发，写了本畅销书叫《当我谈跑步时我谈些什么》，讲的是他数十年如一日坚持长跑，为了更好地写作与生活。这是他对生命的一种自省方式。如同亚里士多德为了思考哲学命题在雅典吕克昂学园中的漫步，以及卢梭在林间小径散步，有感而发写出《孤独散步者的遐想》。伟大的思想从来不是人云亦云，而是在孤独与自我对话中逐渐生长。在轰轰烈烈的教育改革的当下，谈论的话题似乎也越来越多。

教育不是一个孤独的话题，它有着太多的受众，以及躲在受众身后难以计数的"观察家"与"评论家"。很多人在没有弄明白教育本质的前提下，大放厥词，大行其道。因为教育的谈论门槛太低，而谈论资本又太宽泛。谈论话题可以从托班到老年大学，谈论者的年龄更是不受限制，只要你在某场教育事件中被卷入了，无论你是当事人还是亲朋好友、师长同仁，大概都能提炼出自己一两个观点来。但是，教育真的有那么容易谈论吗？当我们在谈教育的时候，我们到底在谈些什么？

我们总是在谈论价值。这里的价值主要是指物质上的财富以及人在社会中的地位。财富是一种价值，这是有形的，它能带来优渥的生存环境与条件。人的地位也是一种价值，这是无形的，它能营造出一套高级的精神感官。当然，"高高在上"者基本上也不太可能捉襟见肘。自古以来,老百姓的梦想就是"升官发财",其实延续至今日,此类观点也基本上占主流,人们总是希望在公正公平的环境下,通过个人、家庭乃至家族的共同努力实现社会阶层流动。所以,很多人在谈教育时,基本上是在谈功利。分数的多寡,主宰着受教育者今后在哪个高度的阶层生活。这种观点非常现实,也最容易被接受。因此接地气的"观察家"与"评论家"们津津乐道的概莫如此。

谈论财富并不可耻,但财富不等于价值。教育应该创造价值而非财富及地位。教育的价值不仅仅停留在个人层面,因为个人受的教育对家庭甚至家族产生的利益固然是最真实、最直接的利益,但教育绝不仅限于此。教育的价值还在于对更多人的影响,教师就是非常典型的传递与扩大这种影响的人群。作为人类知识的传播者与传递者,学者与教师也有着明确的分工,学者负责缔造、汇总、研究人类智慧;教师则负责将这些智慧结晶传递给更多的人。因为个人的生命是有限的,但人类的历史可以延续很长。所以,当一群受过高等教育的人一起做事时,能量是持续的,从这个角度来看,教育守护着人类文明。

我们偶尔会谈论自由。什么是自由?王石们实现"财务自由"后可以去爬珠穆朗玛峰,高楼上班族实现"车厘子自由"后可以任性翘班,炒老板鱿鱼。老师们实现"烧晚饭自由"后,可以得空翻翻自家孩子的作业。但前提是:没有足够优秀,你如何成为王石,成为白领,成为教师?没有艰苦卓绝的学习,你成为"高质量人类"的概率很小(富二代、拆二代、流量毒药等不算在此列)。自由终究是由自律去换取的。只有自律的学习者才能获得更多的自由,其内在的逻辑就是优秀者拥有更多的选择权。吃了上顿没下顿的"躺平主义者",看透红尘隐退江湖的"佛系青年"终究会被生存的铁链囚禁到追悔莫及。

去选择生活,而不要被生活选择。无论是孩子还是成年人,即便从此刻开始努力学习,都会扩大你的选择权。教育能定义自由的范围。从某种意义上说,自由的广度是由教育的年限决定的。一个只接受过义务教育,没有上过大学的人,很难说他人生的可选项比一个受过高等教育的人更多。

我们不太会谈论生命。这个话题似乎非常遥远,虚幻与凝重。但恰是我最喜欢思考的一个维度。生命的无价在于其有限且不可逆。教育应该还原生命原本的样子,真诚、善良、美好。一个真正受过良好教育的人,会尊重生命,会敬畏时间,会珍惜人与人之间的关系,会懂得生命的真谛。每一天都应该被赋予意义。真正的富足与自由来自内心的坦荡,来自对自我的肯定,来自因付出而获得的快乐。教育与生命的关系,在于教育能让人的生命更加充盈、更加丰富、更有保障。

良好的教育能教会人自尊自爱、保护自我,延长生命的长度;良好的教育亦能教会个体品位存在于世的美妙,感怀世间一切的相遇,增加生命的厚度;良好的教育能发现并展现生命的美好,让更多的同类灵魂得到碰撞,增加生命的广度。

所以,当我们在谈教育时,我们谈的不仅仅是富足及衣食无忧、体面及社会地位。我们应该谈论教育带来的自由,它能令你在纷扰复杂的世界上闯出一条属于自己的康庄大道,我们更应该谈论教育带给生命的延长、深厚以及广博,它是令学习发生的真正的高级内因。

愿每个人都能在美好的教育中遇见最好的自己,既是理念,亦是行动。

"内驱力"与"空心人"

在任何一所学校里你都能找到各种各样的学生：勤奋好学、懒惰厌学、热情洋溢、冷眼旁观……几乎所有教师都会遇到这类学生：不想学，不愿学。究其原因，是学习内容、进度与学生的能力基础不匹配，还是教师的教法单一枯燥激发不起学生的学习兴趣，抑或是学习环境糟糕无法令人注意力集中，或许都是，也或许都不是。但无外乎都指向"学习动力"。

学生的"学习动力"是由"外驱力"和"内驱力"构成的。"外驱力"主要由学校、老师、家长及其他长辈的教育期望与学习要求组成，可以是教师的要求、鼓励、引导，也可以是父母的期待、支持、引导；"内驱力"则比较复杂，但从字面上也不难理解，主要是指源于学习者个体的一种学习动力或者需求。有内驱力的人能感受到内心的崛起，在心灵中，在行动中，塑造完整的生命内核。内驱力醒来并持续燃烧的时候，才是人生的真正开始。美国著名心理学家丹尼尔·平克认为内驱力直接影响一个人的精神和灵魂作用。

如何激发学生的学习内驱力？这是个一直在被探讨，但似乎永远得不到正确答案的问题。并且，这个问题如果真的能被解决，或者说是解决一部分，都将会让学校和教师获益，甚至通过自然规律和科学方法改进改良改善管理与教学方式。

每次召开教学质量分析会,老师们抱怨得最多的就是:学生的学习动力不足。为何动力不足?是谁导致了动力不足?为什么被教师们普遍使用的"奖励机制",随着年级越高,效果越不好,甚至完全失效。宾夕法尼亚大学心理学教授安琪拉·达克沃斯曾在TED论坛发表演讲,她认为:在孩子的教养过程中,若一直依赖外部评价或物质奖赏来产生动力,其本质和训练马戏团的小猴子无差异。培养孩子坚毅的品质,塑造其内驱力,一定要关注孩子的"内心"动作,而非仅仅是表象动作。

看到过一个采访,记者调查了多位在国内一流大学的学生,问及人生目标、学习意义,谈及理想,问其未来,结果令人大跌眼镜,很多大学生在面对这些问题的时候都答不上来,如同一群没有灵魂的学习机器,这不得不说是一种悲哀。我认为构成学生学习动力不足的主要原因是"目标感缺失",正是因为不知道"为谁学习""为什么学习"才导致出现了大量的"空心人",这类人的群体性出现,一定是某些环节出了问题。

耶鲁大学人类学博士薇妮斯蒂·马丁写了一本名为《公园大道的灵长类》的书,作者鞭辟入里地形容:"曼哈顿私立贵族学校早上与下午的接送区是世界上最危机四伏、你争我夺、血流成河、龙争虎斗的地方。"她用亲身经历为我们揭示了一个近乎疯狂的美国上流社会的教育形态。现代家长的焦虑根源:我们对社会的认识、我们对自身的认识,人自身根深蒂固的虚荣心。那么在高强度、快节奏的"精英教育"中,存在"空心人"吗?答案也是肯定的。

《我在上东区做家教》一书里,作者布莱斯·格罗斯伯格发现,纽约富人区的孩子们之所以没有学习动力,是因为他们过早地接触到"巅峰体验",试想住在一个豪华大房子里,每年数次的国外度假,有保姆、厨师、司机与家庭教师,有花不完的零花钱,对一个涉世未深的孩子有着怎样的影响与冲击。作为华尔街银行家的子女,他们有着令全世界孩子都羡慕的资源,无论是物质还是精神,无论是体验还是助力。他们的内驱力丧失不足为奇。但这世界上大部分的孩子都没有那么幸运,很多都生活在战争、饥荒与物资匮乏的国家与地区。

再来看看中国的孩子们。林小英在《县中的孩子》这本书里描述道,很多生活在县城里的孩子的学习动力缺失严重,很多已经不像他们的父辈那样:通过拼命读书来改变命运。当前他们衣食无忧、住所不差,还有来自祖辈与父辈的溺爱与庇护。问题来了:三餐一宿——马斯洛需求层次最底层的内容,何以在人类文明进程中"逆向行进"?究竟在这个过程中缺失了什么,导致这些县城里的孩子尚未到达"巅峰体验"就直接躺平,梦想着"躺赢"的人生。

"空心人"并不是凭空长大的,而是从一个个"小空心人"逐渐长成"大空心人"的。如果成为"空心"的环境得不到改善,一个人就很难对任何关于"意义"的问题作出定义。都说"顿悟"在人的成长中会不定时地发生,但如何触发"顿悟",谁来触发,都是悬念。无论是不是理想信念的丧失,对自身命运改变的无力,或者对眼前肤浅快乐的获取,无一不意味着精神的贫瘠、灵魂的苍白以及个体在面对这个世界面前的茫然。我不禁想起了形成教育合力的三方:家庭、学校和社会。各方都需要共同配合做些什么,才能阻断"空心人"滋生的"温床",唤醒他们的"内驱力",这就需要在"某些环节"上去下功夫研究。

儿童:另一个平行世界

平行世界是物理学的一个专用名词,指的是宇宙中存在着多个平行宇宙,空间和人都是相同的,但事物发展与人物的命运却各不相同。每个人都是自然而然地长大,我们从儿童到成人的视角似乎并没有刻意地调整,只是随着时间的推移,这一切都发生了。步入中年,却越发地好奇,我们这一路的成长究竟是怎么走过来的?

儿童世界与成年人的世界肯定是不同的。他们的世界由他们的身高、年龄、认知与经历构成,身高限定了他们看世界的物理高度,是桌子那么高还是大人的腿那么高,年龄限制了生物性的发展规律,他们的成长发育会告诉他们自己正在发生变化,认知则在很大程度上依赖学校的教育;而经历往往和家庭密切关联。

都说成年人的世界不容易,其实孩子的世界也没有我们想象中那么轻松。比起成年人,他们有着更多的问题与疑惑,他们对真理一知半解,对规律知之甚少,甚至有时候听不明白大人的话术。关于人的本性,另一个关键的心理学事实是:人们对优越感和成功的追求。无论是儿童还是成人都有一种追求优越的强烈冲动,并且它不能被根除。环境作用使孩子感到自卑、脆弱、不安全,这些感受会刺激他们的整体心理。孩子会定下目标,让自己从这种状态中解放出来,达到一个更高的层次,以获得平等感。向上奋进的愿望越强烈,孩子所定的目标就越高,从而证明自己的力量,而他们所定的目标常常超越他本身的能力极限。

儿童有自己的世界,我们必须接受这个事实。同样的事物,从孩子们的眼睛里看出来和我们是不一样的,他们的理解也与我们大相径庭,甚至截然不同。每天放学,我的小女儿都会在车上和我滔滔不绝地讲这一天在学校里发生的趣事。她说她同学们的事,也说课堂上老师的事,每次都绘声绘色。有一天,她说她陪着一个肚子疼的女同学去医务室,那女孩子一见到保健老师,就带着哭腔问,老师,我是不是来月经了啊?在做了问询和检查之后,保健老师望着这个不足六十斤的四年级小学生,又气又好笑,说,你只是便秘。我小女儿说到这里的时候,突然很严肃地问我,妈妈,我最近肚子也很疼,我是不是也要来月经了?

在成年女性的世界,这样的生理现象是一种寻常的事情,但在孩子们眼里,这简直是人生大事。大到她们每日都提心吊胆,等待着发育的那一天。我安慰小女儿,你目前暂时还没有到那个阶段,但在不久的将来你们每个女孩子都会有固定的生理期。不用太担心,有妈妈保护着你呢。小女儿一筹莫展的眉头才算舒展了开来。孩子们的自卑,其实来自安全的缺失。

寒假的一天,我突然接到一个电话,一个去年毕业的女生带着哭腔来投诉关于几个女生间在网络上的"恩怨情仇",所有细节拼接起来可以写一部连续剧,甚至后来她通过短信发来的"证据"都有数十条之多,从截图到照片,事无巨细,一一展示。我当时还是颇感意外的,一件并不复杂的孩子间的小矛盾,在她们的世界里却变成了头等大事。这件事后来我委托班主任妥善解决了。但后续也引发了我的思考,为什么大人觉得平平无奇的事在孩子们眼里却如同山崩地裂,不得到公正的处理绝不善罢甘休。由此我判断，孩子们的世界比我们的更艰辛。由于他们的不够强大，导致他们缺乏安全感。

这样的事件其实每天都在上演。大人们在自己的世界里忙着自己的事，而孩子们也在自己的世界里探索未知。每一次的失败或者成功，对他们来说都是生命中的印记，它们标志着成长的脚步。没有一个人是住在客观的世界里，我们都居住在一个各自赋予其意义的主观的世界。如果我们对孩子的人格同一性有完整的理解，在此基础上就能抓住问题的真正本质；不理解孩子的人格同一性，就好比我们从一个完整的曲调中扯出来几个单独音符，试图弄清楚它们的含义。

孩子的世界里也有很多无助。当我们问一个孩子他为什么懒惰，不要指望孩子自己能认识其中的因果关系。他们无法作出有效的解释，狡辩只能让人感到好笑。儿童心理学领域有很多研究结论，比如把一个孩子能否学好数学作为衡量其心理是否健康的重要指标。数学是为数不多的能给人提供安全感的知识领域之一。大脑的运算通过数字能使我们周围纷扰杂乱的环境实现稳定有序。没有安全感的人通常不擅长数学。儿童有自卑感最明显的表现是在学游泳时遇到困难。如果一个孩子轻轻松松地就学会游泳，这是个好兆头，表明其他困难他也有能力克服。如果孩子很难学会游泳，则说明他对自己和教练都缺乏信心。这些现象都值得教育者引起关注。只有为儿童搭建富有安全感的世界，他们才能无忧无虑地长大。

校服：有趣灵魂的统一规则

关于穿校服这件事儿，历来争议颇多。各种观点层出不穷，有人认为着装统一会泯灭孩子的个性；有人认为个性化穿着助长攀比，穿一样的衣服反倒是省去了麻烦事。到底要不要穿校服，穿怎样的校服，讨论起来总是乐此不疲。尽管如此，在世界各地的学校里，穿校服依然是一种比较普遍的做法。至于什么时候穿，怎样穿，那就是"千校千面"了。有的学校规定只要周一升旗仪式时穿；有的学校则要求一周五天必须天天穿，而且袜子都不能穿错；有的学校完全不做要求，你想什么时候穿就什么时候穿，想怎样搭配就怎样搭配。

对孩子来说，校服能降低孩子们的"穿衣焦虑"。很多孩子每天都要纠结穿什么衣服鞋子去学校，尤其是在中学阶段，青少年们开始关注自己的外在形象，在意他人对自己的评价，因此会特别注重穿着，难免产生攀比。对父母来说，校服的功能类似"工作服"，日常的购置、打理都不用太花心思，且一些注重培养孩子简朴节约精神的家庭也不太赞成花很多费用在孩子的穿着上。对学校来说，统一的着装便于管理，也能展示一所学校的精神面貌与服饰文化。

我认为校服是学生的一种身份识别，同时也是学校的一种象征。它的款式、颜色、配饰、做工都彰显了这所学校的品位。而穿着这些服装的学生则会让普通的校服具有生命力。尽管每个孩子都不一样：有着不一样的性格与脾气、能力与特长，但一旦穿上统一的校服，他们瞬间会成为某所学校的象征，成为一个整体。无论他们来自怎样的家庭，有着怎样的学习基础，经历着怎样的生活，他们会在此刻安定下来，并且一起行动。他们会彼此约束，彼此影响。我称之为"有趣灵魂的统一规则"。

在这个统一规则之下，每一个来学校接受教育的孩子便有了"学生"的身份，并会被赋予具体的学习目标与要求。这个规则看似以一种显性的方式展示学校的规则力量，然而更多却以一种隐性的能量形式存在。当一个学生穿着校服时，你看不出这有多么特别，而当一群学生穿着校服时，你便会感到一种庄重的仪式感。当全校学生都穿着校服时，这种庄重感便会变得极为严肃，呈现的是一种训练有素的秩序感。我所在的学校推崇穿校服，不同的季节、不同的场合穿不同的校服。不同功能、材质、颜色、款式的校服在一年四季轮番登场，在每一个重要的节日集体亮相。

我主张在每学期温度适宜的那几个月要让学生穿礼服——穿正装会使人变得精神。学生会因为穿了正装而显得容光焕发、神采奕奕、举止优雅、言语文明。恰恰是这种仪式感，会令人心生敬畏，约束自我。某种程度上，学校的"服育"文化能让人明白做事有规则、做人有规矩的道理。统一的着装与行动更会平添一份集体荣誉感。

很多女孩进入青春期之后会因为身体的发育和变化产生羞涩感。同时，中学生的心理特点之一就是"闭锁性"，所以他们很喜欢把自己藏起来。我所在的学校，运动校服材质比较厚，但很多学生又喜欢在炎热的夏天也穿着厚校服。鉴于中学生的心理特点，我召集家委把观察到的现象告诉家长们，请大家一起商量，找出好的方案。大家一致认为要为孩子们再设计一件宽松、轻薄、透气的夏日运动罩衫。这种款式既能满足初中生们想要把自己"藏起来"的本能，又不至于太厚重把孩子们捂出一身痱子，显然将会大受欢迎。

校服的演变历史经历了从周朝的"深衣"，即"青青子衿，悠悠我心"里的"青衿"；同时期的儒家也有"儒服"，宋朝有"襕衫"，再有就是年代剧中民国时期的校服，女生的盘扣蓝色改良旗袍一直是众多影视剧中出镜率很高的服饰。关于为什么中国学生的校服通常以运动装为主，是因为1984年奥运会中国运动员载誉而归，成为全国骄傲的热点。为了致敬中国运动员，各地便纷纷采用了运动装风格的校服。这种类型的校服由于简洁、宽松，还有"防早恋、防炫富"的"功能"。学生每日在学校的运动时间较长，而且运动装通常比较舒适、宽松，让学生感觉自在。

校服，究竟由谁说了算，其实还是要取决于穿着的人群，即学生。学校在进行校服管理的时候不可"一刀切""一言堂"，而是要听取学生的建议，尊重他们的感受，了解他们的需求，让校服真正成为校园文化的一张名片。要让学生爱穿校服，以穿上校服为荣，对学校来说也是一种被认可的成功。

尽管校服相对统一，但学校也要遵循因材施教的原则，尽可能地关照好每一个学生。在这个"统一规则"下的有趣灵魂也需要适度释放自由，这既是尊重学生的个体性，更是对人才的珍爱与保护。又有谁知道在校服之下到底会有多少位会令学校感到骄傲自豪的杰出校友呢？

"双减"的"减"与"负"

"双减"政策作为国之大计正在全国各地如火如荼地开展。学校、家长甚至社会都面临着一次前所未有的挑战。所谓"双减",即减轻学生的校内作业负担,减轻学生校外培训负担,强化学校教育主阵地作用、深化校外培训机构治理等。

作为一名学校管理者,我觉得国家正在启动一场巨大的教育变革。这场变革意义深远,直指人民福祉。学校在这场变革中要进行哪些转型,教师要对自己的教育教学行为做出哪些调整,都需要管理者刻不容缓地思考、制定与执行。我认为,"双减"为学生"减"了负,学校和教师则肩"负"了那些减下来的"负"。

那么,减下来的"负"又该如何消化呢?学校必须要走正确的路、科学的路:尊重个体差异、实施五育并举。将学科教学重心转移到人的全面发展的培养上。很多学校为了升学率、高分毕业生而一味追求"育分",忽略"德育""体育""劳育""美育",代价惨痛。目前社会中出现的"空心人""躺平主义者"很大程度上与理想信念缺失、德育的缺位不无关联。学校一定要厘清"育人"与"育分"的概念,坚持以德为先,深入贯彻"立德树人",对每一个学生都要进行全方位的培养。

"有理想,有能力,有担当"是国家提出的三大培养目标。我想正是基于这样的目标,"双减"才会更有必要性。这种必要性直接决定了每一所学校培养出每一批学生的质量。当然这里的"质量"绝不是狭隘的学业成就,即可见的分数;这种"质量"更多的是关乎我们的教育是培养"建设者""接班人"还是"掘墓人"的问题。

学校作为开展教育的主阵地发挥着至关重要的作用。育人先育"心",育心先育"行"。加强理想信念与思想意识形态教育是学校对国家提出的"为谁培养人,培养什么人,怎样培养人"的要求的积极回应。学校教育必须适应社会理想与时代要求。当然,能培养多少有问题解决能力、高层次思维能力、创新能力与合作能力的未来社会主义接班人也是对学校教育质量的检验。学校必须围绕这些培养目标进行课程建设,并努力创新相关的作业形式。传统的作业通常以书面练习为主、口头作业为辅。在"双减"意见背景下,我们将鼓励教师设计项目化学习作业、任务型学习作业,适当延长完成作业的时间,深度聚焦某一个问题,着力解决学生的实际问题解决能力。

此外,要尝试让个性化教学代替普适性教育。现代教育心理学认为,每个孩子都是独特的个体。根据加德纳的多元智能理论,每个孩子的特长与天赋是各不相同的,有的孩子擅长逻辑,有的孩子擅长语言表达,有的孩子对音乐很敏感,而有的孩子肢体协调、力量过人。如果学校教育的模式、内容、要求、评价统一不变,这其实对大部分孩子是不公平的。因此,学校应加大对儿童和青少年的研究,尊重其身心及大脑的发展规律,努力为每个孩子提供合适的教育。

当然,在办好人民满意的教育的同时,也要谋求广大教师的职业幸福感。不能让学生的减负变成对教师的"增负"。根据国家的"五项管理"规定,小学不得早于8:20进行集体教学活动,中学不得早于8:00进行集体教学活动；我所在的区要求学校在15：30至18：00期间提供课后看护服务；国家建议可以在中学开展晚自修。但从实际情况来看，很多中小学家长都会赶在上班之前把孩子送到学校来，因此很多孩子在7：30甚至更早到校，而学校必须要确保每个孩子的在校安全。假设从6：30开始的晨管到21：00的晚自习结束，学校共需要开放14.5小时的正常上课及课后服务时间，教师的工作时长远超法定时间，尤其是学校管理者工作时长更多。尽管课后服务有专项经费，但教师失去的休息时间始终无法补足。如果政策支持，学校应该要研究教师的弹性工作制，确保教师得到合法权益。

聚焦师生关系，做好全员导师工作也是落实"双减"的重要环节。"双减"政策的提出无疑为学校师生关系、学生心理健康成长提供了空间。市教委提出的全员导师制工作，要求全体教师都要深度参与每位学生的成长。作业少了，谈心的时间就多了；负担轻了，沟通的方式就多了；焦虑没了，健全的心灵就多了。全员导师，已经不再是一个新概念，它要求学校里的每一位教师都有责任义务去关心、关怀、关注学生。事实上，家长才是孩子最有力的支持者，最长久的陪伴者，最优秀的示范者。

在"双减"背景下，学校被要求为学生提供一种安全、自然、健康的学习环境。紧张有序、张弛有度，因为只有在足够安全的环境中，学生的学习效益才能得到最大的发挥。其实，家长也要为孩子打造自然生长的养育环境。一个智慧的家长应该是理性、包容，既有回应又能配合的家校合作者。所以，"双减"减下来的"负"，其承担主体应该由学校、家庭和社会共同构成。

教育中的"林哈德与葛笃德"

《林哈德与葛笃德》(Lienhard Und Gertrud)是近代瑞士教育家裴斯泰洛齐(Johann Heinrich Pestalozzi,1766—1787)写的一部小说题材的教育著作,分为上下卷共四部分。他着力塑造了一个名叫葛笃德的农村妇女形象,她既是贤妻良母,乐善好施,教子有方;同时又深明大义,嫉恶如仇,敢作敢为。他通过小说中的人物与情节的描写,暴露了封建统治者的罪恶,表现了他救民于水火的人道主义胸怀,阐述了他建立新教育、兴办理想学校、改造社会的观点。书中以那坡镇镇长胡美尔为代表的恶势力,通过压迫、敲诈、勒索等一系列恶性行为将整个小镇搞得乌烟瘴气,极大地影响到葛笃德的丈夫林哈德等人为代表的贫苦农民的生活状态。尽管林哈德是一个有名的泥水匠,收入也颇丰,但包括其妻子在内的一家9口人却始终一贫如洗,处境凄惨。主因是他喝酒、赌博,被胡美尔等人搜刮尽口袋里的最后一个铜板。

裴斯泰洛齐的关于"教育救民"的思想后来也被一些著名的教育家,如德国的福禄培尔和赫尔巴特、法国的库新、英国的格里夫斯、美国的贺拉斯曼等广泛研究和传播。在书中,农妇葛笃德的教育核心思想有两条:一是道德教育;二是简单、实用、行之有效的教育方法。她非常重视培养孩子们的品德以及良好的行为习惯。正因如此,当生活的环境因为愚妄生活而呈现出动荡与悲惨局面时,这家人却首先走出阴影,显得温馨、甜蜜。书中不乏生动而具体的故事情节。比如,当村上最穷的已丧妻的鲁迪家的老祖母去世后,葛笃德立即伸出救援之手,主动帮助鲁迪处理家务,教育鲁迪的孩子形成良好习惯,还教他们纺线织布,从而使鲁迪原本凌乱的家变得整洁、干净。小说中多次提到葛笃德所采用的教育方法简单、实用,教材也并不复杂,任何一个农村妇女都能实施。涉及学科知识的传授时,她重视手工艺教学,如在纺纱织线的时候,还要学习计数和运算。这其实正是作者裴斯泰洛齐的"教劳结合"的主张,也是人生真正的需求,帮助人们找到保证生活与获得幸福的根源。

在这点上,和"回归生活"的教学主张相得益彰。教育要回归生活,让学科教学带上生活的属性,实则是受杜威的"实用主义"的影响。杜威主张:教材的基本源泉是儿童的直接经验而又能构成知识内容的东西。在他主持的芝加哥实验学校里,课程就是以各种不同形式的主动作业(纺纱、织布、烹饪、木工等)为核心。这也从根本上实现了他关于"教育即生活"的实用主义主张。

裴斯泰洛齐的另一部著名作品《葛笃德如何教育她的子女》(*How Gertrude Teaches Her Children*)是以书信的形式写成的。其中心思想是:作者希望寻找到一种"符合永恒的规律的教学形式,从而让人类的心智从感觉基础上的自然印象发展为清晰的概念"。他也是在经过了大量的教育实践之后,才完成了这部作品。在当时,能做到理论与实践相结合,相互促进,是非常难能可贵的。

爱尔维修(Claude Adrien Helvetius,1715—1771)是18世纪法国唯物主义哲学家和启蒙思想家。他在《论人的理智能力和教育》的引论中指出:个体身上的精神、美德和天才均为教育的产物,这永远是真实无误的;教育对天才、对于个人的性格和民族的性格发挥着意想不到的影响,也是真实无误的。这一认识具有巨大的现实意义,这就等于向各国政府及世人昭示了这样一个真理:政府及公民个人手里掌握着强大与幸福的工具,那就是改善教育的科学。

诚如爱尔维修所认为的,裴斯泰洛齐推崇的教育模式就是立足真理、立足人类当时现状、亲临历史发展现场的典型的"真教育"。在考虑选用什么样的教学时,他的一个基本原则是:反对压抑儿童的天性;但他也认识到儿童天性中有不好的方面,易形成许多恶习,因此要加以引导、制约。即父母要爱儿童,必要时也要严惩孩子,拒绝他们的不合理要求。管教被认为是一种公认的教育,但纵容同样也是一种教育,只不过是一种错误的教育,错误行为的放任自流以及情感教育的缺失,会直接导致"伪教育"的发生。裴斯泰洛齐认为,儿童在未入学之前,"充分地享受了自然的熏陶",但是在入学以后,旧的教育"蛮横地终止了它们无拘无束的令人愉快的发展过程……逼他们去注视乏味而又单调的字母"。裴氏力图找到"促进自然天性遵循它固有的方式发展的艺术"来解放儿童。关于途径,他认为教学的艺术与大自然的规律一致,可以参照大自然的规律,一切教学都应该把知识课题的最基本部分牢固地灌输到人的心灵中去。然后,渐进地但不间断地把次要部分联结到基本的知识上去,最终成为一个活生生的匀称的整体。这不禁让人联想到现在被广泛利用的"知识树"学习结构图,随着学习者个体的成长而渐渐地开枝散叶,最终枝繁叶茂。

爱尔维修认为,教育有真伪之分。真教育使人聪慧有知,伪教育则教人愚蠢无知。真善美与假恶丑,本质上是对人性的探讨和教育。学校历来被视为文化的净土,相对社会上比较复杂的事务,学校的确显得更为单纯与纯粹。作为教育工作者,有时也会存在一些困惑,我们用正确的价值观建立正确的教育体系,然后在这个体系中用心呵护每个教育个体,学校如同一台空气净化器一样,把社会上一些舆论及现象杂质都过滤了一遍,最终呈现在学生面前的都是我们"期待中的理想的"教育效果。但有时我们也会痛心疾首地看到,和学校道德高度并不一致的家庭教育会将学校教育成果毁于一旦。因此,在《林哈德与葛笃德》这部小说中也说道:"现代社会已经使很多方面的教育,在家庭里是无法实施也不能实施的,所以学校教育更不可少。"在"充分利用学校教育"的作用下,他们的"家长或亲属总有邪僻恶习,再也影响不到他们的精神"。

教育是一种有目的的社会行为,所以"教育目标"(Erziehungsziel)也是教育学的一个基本概念。根据词源学上对"目标"一词的考证,希腊语中的 telos 或拉丁语中的 finis 都有一个最基本的含义,即某一运动的终结点,才能是目标。"目标"是某种行为或思维的终结,虽然与"目的"(Zweck)这个概念很接近,但它们是有区别的:"目的"是与"手段"相关联的,而"目标"是与"趋向"相关联的。何为真教育,简单来讲就是教人"真善美",何为伪教育,就是让人变得"假恶丑"。

布雷岑卡(Wolfgang Brezika,1928—2020)是当代德国教育学家。他对教育目标进行了全面的探讨。他认为,"教育目标"是一个带有目的性的期望值,也可能是一种理想值,与受教育者的人格特点密切相关。不同性质的学校其教育目标的设定必定是与其特定的相关联性人群有关,如小学和初中的差异,职业学校和综合性大学的差异。同时,"教育目标"也与社会政治体制紧密相连,常常代表一种文化、一种价值观,甚至是一个国家、一个政府的法令和意识形态。因为"教育目标"可以看成是教育工作者和受教育者的任务标准和行为指南。衡量目标是否达到效果、效果如何的标准乃是测试教育行为的成功与否,这要通过期望值与实际值的比较来检验。制定精确的"教育目标"有助于提高教师的社会声望和自我信念,唤醒他们对教育意义的认识。19世纪德国哲学家、教育家费希特(Johann Gottlieb Fichte,1762—1814)认为新教育的标准只有一个,即道德的提升。因此,培养坚定不移的善良善意的确是可靠、深思熟虑的做法。这点和葛笃德的教育核心思想不谋而合。

在由富尔(Edgar Faure,1908—1988)等人向联合国教科文组织在1972年提交的《学会生存——教育世界的今天与明天》(*Learning to Be: The World of Education Today and Tomorrow*)报告中指出"我们要学会生活,学会如何去学习,这样便可以终身吸收知识;要学会自由地批判和思考;学会热爱世界并使这个世界更有人情味;学会在创造过程中并通过创造性工作促进发展"。由此,我想到了葛笃德在教育子女帮助鲁迪一家的事件中,已经部分呈现出了这种先进的思想。尽管《林哈德与葛笃德》是一部19世纪的作品,但却反映了教育最简单、浅显的道理,即教人求真求善,弃恶弃丑,在劳动中学习,在生活中获得知识。同时,裴斯泰洛齐认为社会上最底层的劳苦大众的儿童通常被社会所忽视、冷落和鄙夷,如果他们得不到良好的教育,那么将来长大成人,就可能成为社会的累赘或毒瘤。如果重现那坡镇原本那种愚昧、粗鲁、不安的状态,那么葛笃德的出现终究没有意义。

智商、能力与情商
——以英语学科未来的理想教育为例

联合国教科文组织在其《教育战略2014—2024》中把"塑造未来教育议程"作为其三大战略目标之一。世界银行在《2020教育战略》中将全民学习作为其未来的核心目标。那么,什么是未来公民?为何要培养未来公民?在我国,英语学科和未来公民又具有怎样的关系?理想中的未来公民究竟是什么样子?作为一名英语教师,我作了以下一些思考:

关于未来公民的定义,各国都有不同的理解。芬兰《教育与研究发展规划2011—2016》等文件中提出,基础教育未来发展的核心目标在于培养未来公民所需要具备的能力,包括思考能力、自我掌控意识与责任意识、动手与表达能力、参与动员能力、工作与交往能力等。日本第二期教育振兴基本计划(2013—2017)提出的四大目标,其中之一便是培养在全社会各个领域引领与创造新价值、新观念的领导人才和领军人才。中国教育科学研究院国际比较教育研究中心以美国、英国、法国、俄罗斯、日本、芬兰、印度、韩国8个国家以及联合国教科文组织、世界银行、经济合作与发展组织3个国际组织作为案例,对其教育发展规划或教育战略计划的内容进行了分析,发现其具有以下几个方面的共同特征,第一条便是:培养适应未来发展需要的人。可见,培养未来公民是包括我国在内很多国家都在积极努力、不断升级的全民计划。

再研究一下以英语为母语的英美国家对目前英语学科的目标调整设定:《英语语言文学标准》(美国)指出:英语语言能力的培养是现在和未来社会的需要,在技术和社会日益变化的今天,随着人们语言沟通和思考方式的改变,语言能力的定义和内涵也发生了重要变化。"今天英语语言能力包括完成广泛地读、写及与每日生活密切相关的语言任务。"这种要求不仅包括语言表达,还包括"技术能力",确切地说,语言文学能力已扩展至听、说、读、写、看、视觉呈现(visually representing)等能力。学生的语言发展主要是在学校,他们的成长主要表现在他们清晰地、有策略地、批判地、创造地使用语言的能力上。同时通过这种语言能力获得其他的知识,实现其他的目标。斯莱格曼(Sleigman)在他的研究中发现了24项品格优势,体现在6类美德中,包括智慧与知识、勇气、仁爱、公正性、节制和精神超越。这也是西方教育主流学派认为的"未来公民"的品质要求。

可见,时至21世纪,全世界已经展开了一场以高素质、高能力、高情商为培养目标的人才计划大战。中国作为快速增长的经济体及发展中国家,也必须要思考培养未来公民的目的。一是出于人类未来发展的需要,二是我国学科核心素养的要求。2014年3月,教育部发布了《关于全面深化课程改革落实立德树人根本任务的意见》,提出了"核心素养"这一重要概念,要求将研制与构建学生核心素养体系作为推进课程改革深化发展的关键环节。在我国,义务教育英语课程标准的总目标是:学生能发展语言能力、培育文化意识、提升思维品质、提高学习能力。随着中国在世界上的影响力越来越大,英语学习也越来越受到家庭、学校及社会的重视。对中国儿童来说,英语不仅是一种交流工具,还可以促进儿童脑功能的完善,在认知、行为等多方面影响个体的发展。

由法国前总理和教育部部长富尔(Edgar Faure, 1908—1988)等人向联合国教科文组织在1972年递交的《学会生存——教育世界的今天与明天》(Learning to Be: The World of Education Today and Tomorrow)报告中指出:"如果我们所采用的手段仍然和过去一样,这种努力也绝不能满足可预见的未来的需要。"英语学科要正确培养适合我国发展的未来公民,前提是基于国情、基于课程标准。义务教育阶段的英语课程具有工具性和人文性双重性质。就工具性而言,英语课程承担着培养学生基本英语素养和发展学生思维能力的任务;就人文性而言,英语课程承担着提高学生综合人文素养的任务。工具性和人文性统一的英语课程有利于为学生的终身发展奠定基础。其中,注重素质教育,以体现语言学习对学生发展的价值,语言既是交流的工具,也是思维的工具。学习一门外语能够促进人的心智发展,有助于学生认识世界的多样性,在体验中外文化的异同中形成跨文化意识,增进国际理解,弘扬爱国主义精神,形成社会责任感和创新意识,提高人文素养。同时面向全体学生,关注语言学习者的不同特点和个体差异。并且强调学习过程,重视语言学习的实践性和应用性。

为体现上述教育目标,笔者认为可以探索"整体课程"与"通识教育"两大途径。整体主义(holism)的词源是希腊语的"holon"。整体课程的兴起,意味着学校要从社会、学习以及学校三个层面进行重心转换。在社会层面,要求从"生产率、劳动"中心的社会转向"有意义人生"中心的社会,强调自我实现需求的满足;在学习层面,要求"目标达成型"学习转向"目标探究型"学习,强调学习是自己探究目标的过程;在学校层面,要求废除陈规陋习,确立使学习者从与他人"交往"中获得"有意义的人生",帮助学习者"自我实现之学习"。这一核心是向"目标探究型"学习的转换,是一种"我作为我之存在的学习"。谋求课程的统整,创造意义的联结,使主体、时空、符号、生态系统或全世界成为儿童学习的背景。以一种系统思维或背景性思维去实践整体的教学模式,追求课程目标、课程内容以及学生学习的再概念化和整体性。它强调重视艺术的价值,设置与艺术和审美相关的课程为课程的中心,通过美育将课程实施与人格培养统整为一体。约翰·米勒提出"关联、包容、和谐"三原则,指出基础教育课程必须促进学生的情感、体质、审美、精神、智力的和谐发展,而非追求单纯片面成功的畸形发展。

通识教育,是一种旨在给学生合理的知识结构和能力结构,使之成为一个负责任的"人"和国家的"公民"的教育。受赫钦斯、麦基翁等人的影响,施瓦布积极参与大学科学教育与科学课程的设计与研究工作,致力于科学教育与通识教育(也称博雅教育、自由教育)的整合,他认为:"一个学生应当从这样的通识教育中学会如何处理问题中蕴含的知识,不论这些问题是生活方面的,还是科学方面的,抑或是艺术方面的;学会洞察问题的处理方法;并且还能够把这些知识化为己有,应当能清晰、贴切、中肯地表达自己信服的思想,最后把所学的评论标准应用到自己或他人提出的主题中。"施瓦布所主张的课程是"儿童在其中"的课程,从这一点来说,施瓦布既继承了杜威的观点,又发展了杜威的观点。

但在这个过程中,又要避免盲从"一切教育工作的目的在于使受教育者的个性得到充分自由的发展"(英国教育家、哲学家沛西·能)的主张。如果学生的个性是顽劣、愚昧、固执的,那么这样的个性是否能"充分自由地发展"则需要教育者慎重对待。通识教育的目的是培养学生能独立思考且对不同的学科有所认识,以至能将不同的知识融会贯通,最终目的是培养出完全、完整的人。如果人格或者个性有缺陷的话,则尽量要通过教育的过程加以纠正和改变。

　　立德树人目前在我国已作为学科道德融入的要求,成为学校必须执行的教改内容。语言与文化的关系是非常密切的。英语作为一门外语在承载教育意义的同时也承载着母语国家的文化和价值观念,因此在具有跨文化性和多学科性的英语教学中更好地实施社会主义核心价值观尤显重要。为了更好地实现教育与中国特色社会主义理论紧密结合的目的,英语教师需要对自己所教学科的教材进行有时代意义的诠释和解读。挖掘现有教材中西方文化与我国社会主义核心价值观的交集部分,实行创造性的转换,同时充分补充薄弱的价值观内容,潜移默化学生的文化自信与文化自觉。

无规定与有品质
——洛克笔下的教育哲学

关于洛克(John Locke),我们能从他身上找到很多标签:私有财产的捍卫者、资产阶级意识形态的奠基人、功利主义和市场社会哲学的先驱、自由主义的教父、"隐藏在自然权利面具后面的霍布斯主义者"。懂得运用和维护自然权利的理性自由人,是洛克心目中能够结成契约、成为政治社会基础的公民。"年轻人早早地就腐化了,近来成了一句常见的怨言。"《教育思议》(*Some Thoughts Concerning Education*)的献词中这样写道。在旧传统已毁弃,新传统尚未建立的时代,这样的说话并没有夸大其词。事实上,培养有德知礼、理性自主,在下可治理一方,在上能领导国家的真正绅士是洛克理想中的教育目的。

关于教育的形式和条件,洛克从习惯与风俗、对父母的畏惧和敬爱、自尊(并非虚荣的名誉之爱)、模仿与榜样、兴趣与自由、体罚的合理性(驯服顽梗)六个方面予以阐述。如果说孩子因对父母的畏惧和爱而服从他们的意志,在教育的最初阶段是必须的,因为他还不懂得该做什么,不该做什么。但总有一天,任何人都要完全地依靠他自己和自己的行为。一个善良、有德和能干的人,必须从内心去铸成。

在1676年写下的一份名为"快乐、痛苦和激情(Pleasure, Pain, the Passion)"的手稿中,洛克重点讨论了两个问题:爱与欲望。他认为"为那个东西本身、因其存在而高兴"才是爱,如果仅仅当成让自己快乐的手段就不是爱。比如:"我一想到朋友就快乐就是爱,不是朋友能带给我快乐才是爱。"真正做到这样的境界,显然对于儿童来说过于抽象,对于成人来说也是很高的标准。只有对自我精神要求有着高品质追求的人才能真正诠释关于爱的真谛。这也需要摒弃和剔除大量的充斥在俗世中的那些关于过度物质需求、不良道德品质、歪曲的舆论风气,而能够妥帖地处理好个体的爱与欲望的平衡性。

众所周知,洛克关于人的心智的基本结构有着其著名的"白板说"。即他认为刚来到世界的孩子的心智,犹如"一张白纸、一块石蜡、一间空屋"。"幼童的心智一旦走上正轨,您想要的其他一切就都跟着来了。"因为只有精神实体才拥有真正的主动力,能够引发他物的变化。而欲望又是什么呢?洛克认为"欲望是人在自身中发现的另一种不安,这种不安来自某物的缺乏,而对该物现在的享受则伴随着快乐的观念"。正是清楚地看到这一点,才将任性视为孩子在心智方面最容易陷入的恶:"被溺爱的孩子必定学会打人、骂人、哭着要什么就一定要得到,喜欢做什么就做什么。"这样靠不断地满足"惯出来"的人只是空虚、肤浅和不确定的,他得到的越多,反而剩下得越少。

但是作为孩子来说,他们的天性习惯于占有和支配。除了对母亲有着本能的情感联系,对于如何去爱,很多孩子甚至大人都处于低阶水平。人性的软弱正在于人们往往知道什么是好的,却抵抗不了习惯的力量,会不由自主地去做那些习以为常的事情。许多成人之所以任性、骄傲、为所欲为,就在于父母在他们小时候对他们的溺爱和娇纵,使他们养成了难以去除的习惯。这点在现代教育心理学中也做过了大量的研究,其实验的结果也反复证明了洛克的这种说法。

斯坦福大学沃尔特·米切尔博士在1966年到1970年代早期在幼儿园进行了有关自制力的一系列心理学经典实验。他通过让孩子对抵住来自棉花糖或者其他甜品的诱惑的表现得出了以下结论：坚持忍耐更长时间的小孩通常具有更好的人生表现，如更好的SAT成绩、教育成就、身体质量指数以及其他指标。也因此，米切尔博士总结出了"棉花糖理论"：我们不能掌控别人，也不能掌控发生的大多数事件，但是我们能够掌控我们自己的行为。这个20世纪60年代的实验很好地阐述了17世纪的教育哲学。"懂事的孩子能够控制自己，即便他想吃餐桌上的好东西，也能自我克制，等人都上桌了再开动。"洛克认为，意志必然由欲望决定，并且只要我们心智中有了"要做"和"不要做"的决定，就一定会做或不做，意志一经发动就必然带来行动，除非有外力将它打断。不仅自我克制的习惯要通过反复实践来养成，任何习惯的形成都是如此。

通过不断实践来养成习惯，对于处于人生最初阶段，年龄幼小、理智孱弱的孩子，这是最主要的教育方式。所谓"习惯成自然"的含义就是秉性一旦得以形成，就让其达到自然而然的境地。在保持孩子的纯真（innocence）和谦逊（modesty）方面，洛克认为是父权（Paternal power）的职责。因为孩子诞生和成长于家庭，父母是他最早接触到的成人，父母也对自己的孩子抱有自然的关爱，与亲人们在一起，他们更容易获得一些良好的品质，成为有用和能干的人。当然，在洛克生活的时代，适合儿童接受公共教育的机构只是一些初级的文法学校，在那些学校里，只是教孩子粗浅的希腊语和拉丁语，让孩子学习一些生活中很少能用到的语言，并不能提供额外的帮助。孩子们更多的是从同伴那里沾染到"粗鲁、诡计和暴力"。坚强不屈、独立自主,这些优秀的品质绝不能以牺牲孩子的纯真为代价。

  使无规定的孩子成为有品质的人是洛克教育的目标。在《教育思议》开篇,洛克就以河流为喻来说明教育的原理:"人与人之间之所以千差万别,正是因为有了教育的缘故。我们幼年的微小的甚至觉察不到的印象,都具有非常重要的、持久的后果。这就像在一些河流的源头,只需用一点点力气,就能将柔顺的水流导入不同的渠道,使它们走上截然相反的路线,最初在源头的小小指向,便能使它们获得不同的趋势,最终流向遥远的异地。"如何在孩子的教育中,做到"无为而治",这是否有些过于理想主义?拿现实中的案例说明:2016年3月16日《重庆晨报》报道一篇名为"无人售货摊开进校园　收的钱比卖价还多"的文章,被采访者说:"无人售卖,关键就看个人的自制能力,在没有人监督的情况下也能做个诚实守信的好青年,这种被人信任的感觉挺好。"在目前的整体社会风气与道德水准的背景下,这样的结果的确该为这所中学点赞,至少这次活动是成功的。但我又不禁焦虑其时效性与范围的限定性。让我们假想一次升级版的活动,将范围挪到校外,将一半中学生换成社会各类成员(教育背景、家庭环境、贫富程度各异),将出售的文具放宽到其他生活必需品,如食品衣物等。请各位实际地做一次模拟想象,认真地思考此次假想的无人售货将以何种结局收场?

  如何让一个社会产生有条不紊的秩序,对任何一个政府都是治国兴邦的重要议题。笔者认为,任何一代优质公民的产生都需要经过漫长的"铸型期",没有一个人与生俱来就懂得遵守规则、敬畏法律,在最初,他对是非善恶是没有判断与选择的。这也正符合了洛克的"白板说"理论。

他必须要受过一定的教育,并且经过大量的实践才能形成习惯,巩固自身的言行,才能建构起正确的价值观。"现代的社会公民,应当是一个由理性之人组成的自由社会。"具备理性自由的人,既不主观专断、唯我独尊,也不敝帚自珍、故步自封。既坚持自己的见解,也知道自己的局限。他愿意和其他人交流思想,能灵活地从不同的角度和观点来看待事情。那么,学校教育,尤其是教师该如何引导学生成为一个理性的公民呢?洛克在《教育思议》中强调:"教师的事业不在于把一切可以知道的东西都塞给学生,而在于培养他对知识的爱和尊重;在于将他带上求知的正道,使他在有心向学的时候可以提升自己。"

当然,除了学校教育,家庭教育在一个人的生命中影响巨大,这点也是洛克异常强调的。喜爱占有和支配是孩子天生的脾性,如何根除,就一定要教他们克制自己的欲望和意志,学会运用自己的力。现代很多接受过西方教育或者受到过西方育儿书籍影响的家长,有两种极端倾向。一种认为孩子需"散养",任其个性自由发展;一种认为孩子需严厉管教,凡事都要立规矩,讲原则。这两种取向都有很多拥护者,而且基本互不兼容。其实,过度的放任和严苛都不利于孩子健康地成长,要达成"无规定的高品质"人格,任何一个大人首先要率先垂范。或者,至少不要过早地将各种黑暗以及不良信息暴露在孩童面前。

教室里的"物种起源"

三十年前,当我还是小学生的时候,几乎所有的教室里都有一个生物角和一个植物角。我清晰地记得当时我们二(1)班的生物角里养着一只乌龟,植物角里放着一盆宝石花。究竟为什么养乌龟养宝石花而不养小鸡或者向日葵,其实时间给出了答案,这些都是不用怎么打理就能很好养活的生物。这些生灵陪伴了我很久,事实上是整个小学。这些小小的不起眼的生物,却在我心里埋下了一颗大自然的种子。

工作后很长一段时间,做过班主任,做过学校中层管理者,到现在做校长,发现一个奇怪的现象:教室里大自然的元素越来越少,先是生物角消失了,乌龟、金鱼、仓鼠无迹可寻;接着是植物角也开始枯萎,宝石花、绿萝、仙人掌慢慢淡出了视野。管理者面对学业质量压力山大,教师贯彻执行命令疲于奔命,疏于打理,学生们低头做题,无暇顾及。"物种起源"不再发生,学校与大自然也渐行渐远。

其实研究表明,体验大自然对人的健康成长至关重要,对儿童的影响尤为深刻。经常接触大自然有助于缓解孩子的压力、抑郁和注意力缺陷,还可以减少霸凌行为、对抗肥胖症和提高学业成绩。三十年前并没有抑郁或者注意力缺陷等字眼频频发生在学校里。但为何现在的儿童和青少年的心理问题持续高位呢?教育的节奏太快了,错过了本该慢慢行走欣赏的风景,很多珍贵的体验与生命的阶段失之交臂。

我筹建过两所新学校。应该说,在第一所学校里我倾注了大部分的教育理想,以及个人对自然主义特有的情怀。我曾经胸怀壮志地要在学校里建一座"达尔文岛":挖一个湖,堆一座山,湖里养满鱼,山上养满爬行动物。我甚至还兴致勃勃地和设计师讨论了好几周,关于这座岛的水循环系统该如何处理,如何人工造浪模拟海岸的生态,如何解决光照的问题让蕨类植物生长,设计师和我一样兴奋,甚至都出了效果写真图。但后来还是被赤裸裸的现实打败,学校的地基里到处都是管道,挖湖堆山,不谈造价,甚至连有资质的技术团队和建造团队都无法到位。于是"达尔文岛计划"就此搁浅,也似乎没有上岸的可能性。

我还是不死心。筹划着在学校建个水族馆,一整面墙的那种,养一些珊瑚和海葵;还有一个大型鸟舍,打算直接造在学校进门大厅里,落地到天花板的那种,养上几十种不同种类、颜色各异的鸟。我想,要是每一个孩子每天踏进校门,沿着热带鱼长廊,经过巨型鸟舍,然后再在达尔文岛上看看蜥蜴,或许还能穿梭一小片热带雨林,踏过一条小溪,最后进入教室,开启一天的学习。这该是多么奇妙的一段上学旅程!

事实上学校里的乌托邦设计很难实现。更理想的地点在教室。教室是学生每天在校待得最久的地方,对学生而言,这是最重要的场所。汉娜·罗辛(Hanna Rosin)描述了我们这个时代的一个巨大悖论。她说,作为父母,我们中的许多人比以往任何时候都忙,父母都要工作且工作时间比以往更长的家庭已经非常普遍。然而,父母花在孩子身上的时间却比以往任何时候都多。这是怎么做到的?答案就是当我们的孩子不在学校时,他们几乎一直处于监督之下。这个时候,学校就要创设条件,让孩子尽可能地脱离被管束的藩篱,自然指导不能是一种孤军奋战。

变化万端的天空,四季各异的大地,实在是孕育一个人好奇心和想象力的地方,而好奇心和想象力才是创造力的源泉。

现实中的教室,沉闷,乏味,设施陈旧,环境布置缺乏创意。甚至还有教师认为过于美观舒适的环境不利于学生集中注意力,影响听课效果。对于此种见解我不敢苟同。学生在一间毫无生气,没有任何自然与美的元素的教室里开展学习,只能学到僵硬与机械的知识,而没有获得最关键的能力。我相信知识是有灵魂的,因为灵魂是有生命力,所以学生能迁移的能力便是知识的灵魂。卢梭说:"如果你不首先培养活泼的儿童,你就绝不能教出聪明的人类。"活泼便是生命力的象征,人类的未来又不仅限于聪明,更需要一种智慧。

英国著名作家毛姆曾说过:"一个人能观察落叶、羞花,从细微处欣赏一切,生活就不能把他怎么样。"被大自然喂养的孩子,无论他长到多大的年龄,他的心灵都会像童年那样,纯真、好奇,对世界充满汹涌的爱意。大自然是孕育孩子创造力的最好的地方。学校里可能造不出达尔文岛,也无法放置整墙的鱼缸,当然大型鸟笼或许因为各种原因也不能轻易入校。但我们可以在每一间教室里做点文章。

我很怀念三十年前教室里的生物角和植物角。它们的存在提供给了幼小的我对生命的最初的观察,偶尔上课走神,看到小乌龟在缸里吐泡泡,也是一种暂时的驻足,这种暂停是成长的一种自然的节奏调整。让教室成为物种起源的发生地,让每个孩子都有达尔文的梦想,这才是人与自然共存的法则。

学校需要"透明感"

团队合作是近年来比较流行的名词,再往以前我们会用另一个词——集体主义精神,实则两者是一回事,集体就是团队。学校是一个大集体,但内部也是由诸多的小集体组成的。年级组是一个团队,教研组是一个团队,一个办公室是一个团队,全体班主任是一个团队,学科中心组是一个团队。有些团队是固定的,有些团队是临时的,但团队存在的重要意义就是大家合力做好某件事。

克里斯·安德森归纳出构成"群体加速的创新"的三个关键因素:一是大家志趣相投。二是可以看到其他人在做什么。三是渴望改变、成长和提高。我认为这三点不无道理。在一所新建的学校里,大家往往能团结一致,齐心协力,关键是创立者的领导力与号召力。但在一所历史悠长、故事很多的老学校里,倘若想做点变革,搞点突破与创新似乎就没那么容易。只有清晰才能让道路走得更长远。相互信任的基础往往从公正公平开始。

作为学校管理者,布置或者分配任务必须目标清晰,靶向性精准打击才能最大程度地节约成本,让老师减负。制定清晰的目标并不容易。首先,要明确事情的性质,重要性与急迫性要清晰地描述给老师们,让大家觉得做这件事是有意义的,对自己和学校都是有帮助的。校长要制定宏观的目标,定位要高,用词可以高阶;中层管理者要制定中观的目标,定位要适中,有操作性的意见,用词要有可检测性;一线教师要制定具体的目标,要有最直接的操作路径与方法,最好有数字性的目标呈现。

不久前,学校决定整体提升教师的教科研水平。作为校长,我明确了几点目标:要有一项市级以上立项的课题,全体教师的教科研能力都必须有所提升,教师团队的合作能力要得到培养。教科研负责人制定了这样的目标:成立市级课题申报中心组,在全校范围内开展校级、区级、市级课题的申报。课题申报中心组组长的目标则为:明确每个组员的工作任务,制定个人及团队对该项任务的考核表。这样的"目标链"既明确了方向,也确立了具体的任务,更有了对任务考核的细则。良好的开始是成功的一半,目标一致了,后续的工作也更好开展。

其次是流程清晰。你需要清晰地看到群体之中那些最优秀的人在开放的平台上展示他们最擅长的事情,因为那正是你要学习的,也是激发你参与其中的事情。清晰的流程就是操作路径,是达到成功彼岸的重要保障。让流程清晰最有效的方式就是"流程上墙",清晰的流程必须要有具体的时间节点,每个阶段需达成的目标,每个人的任务分配。可以用攀峰的路线图来展示这个过程,也可以简单一些,只用文字和图表,但注意一定要用短句,太长的句子在任务执行中会令人反感——做事的人往往不愿意听长篇大论。再举之前的例子,校长的流程是概括性的,如:确立目标——组建团队——追踪进度——进行反馈——推进任务——达成目标。教科研负责人的流程则需要更具体一些,如必须明确每一个分解目标的时间、地点和人,他的主要任务是组织与筹划,所以必须要有组织任务的元素体现,比如例会制度、阶段性总结会等。而对每一位一线的教师而言,清晰的流程会量化工作,把任务分解成细小的一步步,往往让行动者更有动力。

最后是奖惩清晰。当领导者的评价能力不够时,整个系统就会失去效率,甚至会受到损害。相反,如果我们能够对自己的优势和劣势有足够的认识,而不依赖于他人的评价,不仅对教育本身,也会对个人成长和职业发展大有裨益。每一位教师都希望能被公正地对待。而校长就要担负起"公证人"与"仲裁者"的角色。俗话说,清官难断家务事。但作为大家长的校长必须要懂教师、明事理、公正无私。我在每个暑假都会敦促学校教导处和政教处把每一位教师在下一个学年里承担的所有岗位和工作项目都罗列出来,大大小小共有六大类二三十项,其中有任教学科的课时、有中层管理者或者组长的系数、有正副班主任的工作岗位、有楼层护导、带教社团等其他折算课时的工作内容。我坚持亲自和每一位教师面对面地交流沟通,把工作的全部内容逐一告知,并让老师本人亲笔签名。当然,每一次谈话不仅仅程序化地签工作岗位任务明细单,更多的是沟通与交流。在一所拥有250多名教师的大规模学校中,要想刻意地与每一位教师接触,必须是有计划性的。任何一种随机都会遗漏一部分人,做到尽量不厚此薄彼则是管理者的艺术。

清晰的奖惩机制是整个项目背后的大靠山。尽管在一所学校里良好的价值观并不以物质的奖惩为主导,当然这里所谈的也不仅仅是物质。除了物质,还有精神奖励、培训奖励和荣誉奖励。奖惩机制的建立必须是来自团队的共同价值观,必须是从教师群体中来,至少要经历过自下而上的流程。只有被团队中大部分人认可的机制才是真正能用的规则。

教师:新建学校的底气

华政附校隶属松江区,众所周知松江区是人口导入区,2022年,它的常住人口有193.88万,学生人数达到17.58万。根据教育局的安排,八年时间里我参与筹建了两所新学校,目前两所学校都有很显著的办学成效。这几年的实战经验,使我充分体会到学校要发展,教师是关键。在大力引才聚才留才的同时,还要激发人才创新活力。所以我的办学主张是:尽己所能,让每个人遇见最好的自己。

作为新建学校,实现提质增效是一个非常重要的命题。党的二十大报告指出:必须坚持科技是第一生产力、人才是第一资源、创新是第一动力。对学校来说,人才就是教师。优秀的教师来之不易,培养不易,支撑学校行稳致远就更不易。

作为新建学校校长,如何找到好老师?传统的"收简历"方式已经无法满足学校发展对高品质师资的需求,所以我必须主动出击。行程万里,只为寻得好老师。回首八年,我为两所学校去过18个城市的29所高校,行程达到3万公里,引进400多位教师来松江任教。华政附校在短短四年里实现了蜕变,从最初的家长不愿意把孩子送进来,到现在每年以增扩6—8个班级来满足家长们的需求,这样的变化是优质的师资起到的决定性作用,同时也跟我们创新的招聘方式息息相关。

在新时代背景下,教师就是学校提质增效的第一资源。这么多人才来到学校后,如何才能成长得更快更好?这是我面临的又一个挑战。每位教师的需求不同,作为校长就应该做好顶层设计,根据教龄的不同,学校制定了"卓越教师"培养方案,推进蓓蕾、青蓝、新秀、名师、桃李五大工程。

小曹老师是我们学校优秀的区级骨干教师,她的教龄仅五年,而且还是非师范专业毕业的。入职第一年,在"蓓蕾工程"培养下她坚定了教书育人的初心,夯实了教育教学和管理能力,获评了区优秀见习教师。第二年,在"青蓝工程"培养中,得到了市区校三重导师的指导后,多次承担区级公开课,加入市级课题研究,各项能力得到迅速提升。第四年就被评为区级骨干新秀教师。经过多年实践,我们学校现有区级以上骨干教师47人,仅2022年教师获奖就达100多人次。

新建学校若想在短时间内实现提质增效,必须依靠一批好老师。好教师的成长不仅要自己努力,更需要得到校长的支持。作为校长,首先要尊重教师的发展需求,更要不遗余力地搭建平台,提供资源,助力教师的专业发展。要形成学校独特的文化肌理,离不开优质的校本培训。"三人行,必有我师",我们突破资历与职称启用了一批"宝藏老师"打造"行知三训"校本研训课程。如轮训课程"新课标与教学",集训课程"课后服务课程设计",还有量身定制的专训课程。这一味味"良药"治愈了教学短板、滋养了育人品质,为学校高质量发展奠定了基础,也为教师实现"最好的自己"打开了自信展示的窗口。

塑造发展新动能,学校才能具备新优势。其实,每位教师都有独特的个性,如何激发他们的个性,形成合力,使学校行稳致远呢?我始终坚持,尽己所能,让每个人遇见最好的自己。作为校长,就要为他们个性的展现提供机会、营造环境,让教师成为学校的主人。

新时代背景下,只有主动适应教与学的变革,才能走得更远。我们学校的高老师是一位擅长信息技术的物理老师。在网课期间,她创造了动漫助教"洛洛"。"洛洛"活泼的形象、幽默的语言受到学生们的喜爱,这不仅激发了孩子们的学习兴趣,还充分发挥了"洛洛"能跟踪辅导作业的功能,学习效率得到了很大的提升。在教博会期间,这个课堂互动的新样态还作为松江教育的代表走进了直播间。像高老师这样个性化的教师还有很多。"云画展""云音乐会""云社团环游记"等教师原创的活动先后被新华社、"学习强国"等媒体转载报道。

在支持教师个性发展的同时,我一直坚持正向评价,发现教师之美。通过"猫头鹰勋章"等系列活动树立一批榜样,讲好华政附校故事。看到他们自信、快乐地个性化成长,绽放幸福笑容的那一刻,我觉得我和他们都遇见了最好的自己。

精选师源、深耕研训、尊重个性,学校尝到了甜头。一是师资队伍不断优化,形成了"师德佳、师风正、师能强"的共同价值追求。二是育人质量显著提升,培养了一大批品学兼优、全面发展的优秀毕业生。三是办学品质优化提高。不到五年,学校捷报频传,先后荣获上海市依法治校示范校、教育部青少年法治教育协同创新中心实验校、上海市绿色学校等荣誉称号。

如何能够在新时代背景下将学校办得更好,这是一直萦绕在我脑海中的一个问题。只有牢牢地抓住教师队伍建设这一关键环节,精耕细作、提质增效,尽己所能,才能让校园里每一位师生都能遇见最好的自己——这就是我作为一名校长的责任与担当。

留白，为教师创新赋能

创新专家史蒂芬·约翰逊说："只有以开放的心态看待互联互通的学习环境，创新才可能发生，我们的思考也会更具创造性。"作为校长，如果我们想让自己成长得更快，就不要只鼓励他人这么做，我们必须积极参与并与他人分享自己的想法。很多教师或主动或被动地把太多精力放在了繁琐的工作中，以至于无法随着时代发展而不断"升级"。

几乎每位教师都有一个忙乱的早晨。闹铃响，匆忙洗漱，抓起早饭，夺门而出——要赶在学生之前进入教室。如果第一节课有课，那就完美衔接早管，课前准备不足，早餐也还扔在办公桌上。倘若班级里有一两个学生没来，还得打电话问清楚原因，向年级组长报备，如果是传染性疾病，还得报备保健室和副校长。倘若此刻门口还有两位家长因为昨天孩子间的矛盾而吵得不可开交，一定要让作为当事人的教师出面说明情况，那可真是一个糟糕的早晨。

好不容易到了中午，给全班45个孩子打好饭菜，还没来得及吃上两口，电话又催着去开班主任例会，并且还要作交流。书面稿是来不及写了，于是一边吞着饭一边打腹稿。在奔向会议室路上遇上了课代表，赶紧交代他几句去文印室把昨天印好的作业发下去。冗长的会议结束了，完美衔接下午的备课组活动，结束后又领着一堆任务，拖着疲惫的双腿回到办公桌，望着堆成小山似的作业本瞬间清醒，于是马不停蹄地改作业,下课铃响,赶紧冲进教室见缝插针地抓订正……不知过了几时,你抬头望了望墙上的钟,尽管到了下班的时间,然而却是课后服务吹响的号角。18点10分,等把最后一个学生送到家长手上的时候,你突然想起今天自己和孩子的晚饭还没有着落。

于是骑着小电驴紧赶慢赶地驶出校门,来到家附近的便利店,随便买个盒饭,直接就让店员加热对付一口。然而手机又响了,原来学生忘了回家作业,打电话来问,当然既然电话都打来了,赶紧拉住家长事无巨细地把孩子在校的表现汇报了一遍,末了千叮嘱万叮咛,要多陪伴孩子,多和孩子谈心。待回到家,早已精疲力竭,头昏眼花。猛然想起明天还有公开课,再次强打起精神打开电脑,开始修改教案、制作课件。自家孩子把作业本递过来让你检查,你完全不细看,胡乱签个名,至于辅导难题、亲子阅读、思想交流等就几乎更不大可能了。一直工作到深夜,把电脑合上之后,总算长呼一口气,这忙碌而充实的一天终于结束了。

就这样日复一日,周而复始,这几乎是大部分教师的日常缩影。教师如果长期处于这种状态,他们就会沦为"工具人"。教师只有从日常的事务中得空脱身,才能有足够的时间与精力进行创造性的工作。

那么老师的创新从哪里着手比较合理?我认为首先是留白,教师必须要有时间。这些时间是供教师本人自由支配的工作时间,可以用来学习思考,也可以用来适当放松。教师不是机器,机器能按照既定程序或流程去做事,而教师有自己的方法与路径;学生亦不是产品,能标准化地从流水线上生产出来。无论是教师还是学生,在教育与接受教育的过程中都需要时间去时不时地整理情绪、调整心态、试错纠偏。教师每做一件事都需要除了目标之外的其他付出,比如意志力、沟通力、共情力等。

教育的发生应该是一种自然的现象,而不是被百分之百控制的行为。留白,能为灵感、创意、顿悟提供时空。让教师能在教育实践中成为艺术家,而学生则是他们的艺术品——每一个都各具特色。

其次,教师必须拥有自主选择的权利。只有当学习者对自己的学习拥有主动权时,真正的学习才能产生。如果所学内容能够激发学习热情,那么为克服学习中的困难而付出的努力就是值得的。这个看似对学生的教育法则,其实对教师同样有效。若想奇迹发生,就必须要让创新者自己去探索,任何强加的主题和任务都无法实现创新。这就需要培养教师的批判性思考能力。在一个信息爆炸的世界,我们的老师是否能够批判性地甄别信息,是否真正了解自己的想法和喜好非常重要。学校想实现真正的创新,作为校长就要持有开放的心态,允许教师们质疑甚至挑战现行做法。如果你能够激励他人拥有更多梦想、学习更多知识、采取更多行动、取得更多成就,那么你就是一个真正的领导者。

在学校里,能让教师创新的场景是多样的。课堂教学模式的创新,学习方法的创新,教研活动的创新,作业设计的创新,家校沟通的创新,活动策划的创新,只要领导者有勇气与胆识留给教师足够的时间和空间,让其在学校各个角落、各大场域中尽情探索与实验,这所学校必定是充满了活力与智慧的。我相信任何一个每日在校园里疲于奔命的教师都有创造奇迹的潜质,前提是来自学校的尊重与信任,赋能与支持。

致家长：写在生命的第一个懵懂路口

2018年9月，华政附校正式成立，迎来了她的第一批一年级新生。转眼五年过去了，当年的萌娃已成长为翩翩少年，步入了小学阶段的最后一年。作为校长，我见证着他们一次次的成长：从第一次握笔歪歪扭扭地写下自己的名字，第一次欢呼雀跃般地参加运动会，到第一次在校园里和我羞涩地打招呼，第一次满心欢喜地得到老师的表扬，每一个瞬间都历历在目，定格在回忆中。

生命是一场勇往直前的旅程。当然，在生命的最初，需要来自父母、家庭、学校、教师的帮助与助力。这也是我们成年人义不容辞的责任，给予他们生存的必要物质基础，给予他们爱与温暖，是父母的责任；给予他们生存的必要知识与技能，赋予他们理智与理想，是学校的责任；给予他们生存的机会与发展的可能，提供他们奋斗的场景与环境，是社会的责任。所有努力的最终指向就是人自身的发展与成长，一个生命的成长需要被唤醒、被呵护、被训练、被要求，这样他才能从一个懵懂的孩童一路成长为一个家长心目中的、学校期待中的、国家理想中的有用的人。看，要成就一个人是多么不容易！家庭、学校、社会，在协同育人方面缺一不可。

五年级了，孩子说大不大，说小不小，有些道理能听懂，有些文章能看懂，有些账能算，但仅仅只是"有些"，不是全部，甚至不是很多。还需要大人悉心地呵护、严格的要求与科学的方法。

作为一所九年一贯制学校,五年级仅仅是一个"中转站"。它标志着学生即将进入中学阶段的学习,是一种学生类别的转变——从小学生升为中学生。从学校层面来说,会对他们提出更严格的要求,包括行为规范、身体素质、学习习惯、学业成就、文明礼仪、综合能力等。我们期待中的五年级学生画像应该是一个"有目标、有方法、能自律、爱他人、能吃苦、有成就"的人。这里的"有目标"是每个孩子都应该有为之奋斗、努力的目标,这个目标可以是学业成绩上的、可以是兴趣特长上的、可以是补足短板上的,也可以是在进步指数上的;这里的"有方法"是指孩子必须要获得学习的方法、做事的方法、解决问题的方法;这里的"能自律"是指能够自我管理、懂得约束、说话得体、做事有分寸;这里的"爱他人"是指尊敬师长、关心父母、友爱同学、关怀弱势群体,有集体主义意识;这里的"能吃苦"指的是坚韧不拔、勇敢坚毅、勇于尝试,不轻易放弃,不轻易言败;这里的"有成就"是指通过努力能达成既定的目标,包括前面提及的学业成绩、特长发挥、缺点克服、进步明显等。

值得注意的是,学校评价绝对不是单一维度,分数只是一部分而非全部。我们更看重的是进步指数,正如华政附校的学风——"让每个学生成为超越自我的进步者"一样。我相信我们的学生在学校办学理念的指引、教师正确的教育、家长关怀备至的呵护下能逐步得到相应的培养。同时,我也看到了孩子们的成长,他们在课堂里奋笔疾书、认真听讲的模样,在操场上努力奔跑、积极锻炼的景象,在各种重大集会上闪亮登场、展现风采的时刻,在校园里井然有序、谦逊谦让的姿态,我到处都能听到孩子们拔节成长的声音,这是生命最美妙的乐章,每个孩子于家庭是一篇独立乐章,于学校是协奏曲,而于社会则是交响乐章,你我皆是义不容辞的作曲者。

尽管如此,我们还是能看到这些小生命的不足之处:似懂非懂,幼稚叛逆,顽劣调皮,自由任性。在生命中的这个阶段,他们需要得到的是严格而明确的要求,实际而有用的指导,温暖而安全的帮助,残酷而客观的评价。始于"严格"与"明确",终于"残酷"而"客观",这需要告诉孩子们成长不会一直无忧无虑、一帆风顺,它必须要有艰苦卓绝的付出与历练,然而结果也不一定是愉悦的,可能是残酷的。只有从挫折中吸取经验,汲取力量,才能真正进入成长的下一个阶段。但是也请大家注意,过程中的"实际而有用""温暖而安全"是对我们成年人的要求。

每个孩子的生命中都需要一盏明灯,每个孩子都需要被精心养育。他们其实并不复杂,只是成长的路径与需求不一样,学校作为教育的专业场所能提供的只是专业的、普适的教育,但家庭不一样,孩子在生命最初的十多年都需要来自家庭、父母的照顾与教育。学校教育不能取代家庭教育,因为两者的性质有着根本的不同。学校只是场所,是不同阶段人生受教育的主阵地,但家永远是港湾,必须要包容一个人生命的全部。人生是短暂的,正如这一届孩子们匆匆经过的五年,精彩的人生如果没有起步阶段的积淀与努力必将抱憾终身。

父母是孩子的首任教师,也是最重要的老师,是任何一位学校的教师都不能取代的。只有家校携手共同努力,尊重规律,敬畏教育,为孩子们制定好下阶段的目标、定好努力的方向,找到有效的方法,才能让他们在小学阶段学习的最后一年体验努力与收获、坚毅与自律、自信与成功。

守卫"儿童民族"

法国哲学家、教育家阿兰（Alain，1868—1951）是古典主义教育的支持者。《教育漫谈》（*Propos sur l'éducation*）是他的一本短篇论文集。在这本书里，他的两个观点引起了我的共鸣。其一，他认为教育应集中于发展人的理性，学习不是游戏，而是艰苦的努力；儿童是未来的成人，教育不是生活本身，而是生活的准备；主张学生应学习几何学和拉丁文；教师应磨炼学生的意志，把学生养成"可信赖的公民"，而不是单纯传授知识。其二，他认为推动儿童学习的，绝不是对游戏的爱好，而是带有艰巨任务的学习。教学的艺术就是让他们多一些苦，而不是沉湎于懒散和所谓的兴趣。教师对学生要严加管教，锻炼儿童的意志，使儿童树立起积极学习和战胜困难的决心。

阿兰首次提出了"儿童民族"的概念，我非常喜欢这个名词。"民族"使儿童有自己的世界，喜欢和同龄的孩子在一起。通常在家里，他找不到一个和他平等的，也找不到一个和他相似的人，此刻的儿童就像"外族人"，因为大人无形中将他们排除在成人世界之外。他们既崇奉自己的礼仪而拒绝其他，又有自己的信仰。这个"民族"也有他们的金科玉律，但只可他们自己遵守，即使在成人后仍能维系着因为童年时遵守这种规则而获得的深厚友谊。以至于20年不见面的两个人由于儿时的某一共同兴趣爱好而依然能一见如故。

学校是天然的"儿童民族"单位。从某种角度看来，教师走进"儿童民族"，就像门外汉走进秘密社会那样惊慌失措且格格不入。有时我们会忘记自己是如何长大的，即使记得如何长大，有时也会不记得那时的视野、语言、看事物的认知。这些都在我们成长的过程中慢慢被磨灭，并被更理智更成熟的想法与行事原则代替。这也是人类成长的规律，是一种不可逆的自然行为。但是研究"儿童民族"又是那么重要，这是人类社会改良的需求，是为了获得更好的教育品质而必须研究的课题。

前瑞典教育部部长、OECD荷兰会议主席伊尔瓦·约翰逊（YLva Johansson）在"面向未来的学校教育"鹿特丹研讨会总结发言中提出这样的观点：学校是农业社会向工业社会转型的内在组成部分。学校代表了国家向知识社会转型的一个重要投资方向，但是学校为了实现这一功能，必须进行相应的变革。然而，这种变革无论是未来化、信息化、师资团队及其教学方式的颠覆，都不能忽视"儿童民族"的存在，它是实现一系列变革的基础与主体，是不可回避的话题。

我在不同的学校里，尤其是小学和幼儿园，观察过很多孩子。他们的确是有着自己世界的一个"民族"，他们有自己的话语体系、特定的交往规则、对人或事有着惊人相似的观点。他们共同为一群搬家的蚂蚁着迷，共同为某位老师的离岗而伤心哭泣，也会自己协商解决某位同学借用橡皮不肯归还的事件。再窥视成人世界，也会成群结队打游戏、因为某位受人尊敬的前辈去世而集体哀悼，或是通过法律途径争取得到自己相应的利益……但大部分规则并不适用于"儿童民族"，这依然是一个和成人世界完全不同的世界。

儿童有他的年龄特点，正处在成长阶段，他需要活动和游戏，他的兴趣和成人不同;学校应该适应儿童特点和需要,教师应该爱学生,尊重他的学生。学校应该是个大家庭,又是个雏形社会,教学的活动就是为儿童从家庭走向社会做准备,要让他从做中学,在活动中取得经验。理性和努力,是区别人和其他动物的特征,儿童也不例外,他们也有成长的需要。但儿童在家庭和他的同类并无关系;他被夹于长幼之间,只能在学校找到他的同类,找到他的平衡。学校,因此是个天然的事物,"儿童民族"发现那里是他们的单位,而教师处在"父母民族"和"儿童民族"之间,成了大使和中介人。

19世纪俄罗斯教育家乌申斯基(1824—1871)在其著作《人是教育的对象》一书中,认为教育活动安排必须以对人的生理特征的把握为基础,而"儿童民族"显然有着和成年人不尽相同的特点,因此作为教育工作者,一定要掌握"集体的概念及其营养过程",其中包括两个不可或缺的先决条件:神经机体的某个系统必须休息或暂停活动;必须睡眠。同时也要了解"神经系统在生命活动中的作用"。乌申斯基指出,感觉器官,尤其是大脑的构造、反射运动、形成习惯,以及熟练的生理基础都与教育活动的安排存在着密切的联系,需要深入地研究与考察。对于儿童身上存在的一些情感,如愤怒与善良、恐惧与勇敢,关于后者,教育者应该保护儿童身上所存在的这种天生的情感,但不能听任这种情感一直维持在原始状态。

16世纪后期法国人文主义者、散文作家和思想教育家蒙田(Michel Eyquem de Montaigne,1533—1592)的《论儿童的教育》(*The Education of Children*)是其重要著作《散文集》中的一章。在他看来,儿童的教育是一件极其困难的事。育儿犹如培植作物,生之者易,养之者难,要把它培养成熟,需要细心的养护和辛勤的培育。儿童的教育难就难在儿童的性情多变不定,他们的希望和前途不可捉摸。而且,儿童心智的发展不能强制,只能引导,应该教给他们最好、最有用的东西。

关于"儿童民族",尽管是一个因为年龄与心智发展程度而较为统一的群体,但他们的体质、性情、能力各不相同,也因此一定要认识儿童的发展水平,在此基础上,"有些时候给他放开条路,有些时候要让他自己去开路"(蒙田)。尽管儿童有自己的思维逻辑(有时可能并不是逻辑),但蒙田认为他们还需要学习一些哲学。他认为,一切最有益的哲学论文,应该成为人类行为的试金石,成为使行为正直的规则,它是真正有用的知识。然而,经过了某些教师之口,哲学成了一个无聊、空洞和奇怪的名字,而失去了其愉快可亲的面貌。因此,多样的形式,自然的教法,才能激发儿童的心智。学习哲学的意义在于使儿童不仅具有庄重坚定、活泼勇敢的性情,而且具有敏捷而惹人喜欢的姿态和沉着而愉快的面貌。蒙田的结论,是要培养儿童的德行。

17世纪捷克教育家夸美纽斯在《母育学校》(Mother School)中进一步扩大了对儿童应给予关注的人群范围。他认为"儿童比金银、珍宝弥足珍贵",儿童生机勃勃,是永远不灭的遗产,儿童正像一面镜子,人们可从中注视谦虚、有理、亲切、和谐等品质。任何人在幼年时代播下什么样的种子,到老年就要收获同样的果实。父母应为其幼小子女在三方面奠定基础,即:虔敬、德行及智慧。我赞同许多教育家的观点,认为道德品行是第一位的。在现实生活中,我们也会发现有所谓的"熊孩子"或者"恶童团伙",如一些顽皮的男孩子会欺辱一些小动物,甚至是流浪汉。个体而言,每个孩子在童年的特定阶段也会向家人或老师撒谎,偷盗家中或同学的零钱和文具、玩具,但我认为这只是孩子在尚未建立起正确的道德体系之前的某些尝试。他们撒谎更多是出于对自己的保护,偷盗物件只是为了满足自己微小的欲望,对社会并不会造成毁灭性的危害。大部分孩子会在成长的过程中对自己的行为加以审视,并产生某种"自身纠错"能力,也有一些因为没有获得有效途径,而真的一发不可收拾。他们需要启蒙者。为了捍卫"儿童民族",教师应该使学生热爱德行。真正的德行取决于"履行德行是否容易、有益和感到愉快",要依靠慎重和节制,而不是暴力和任性获得德行。

"儿童民族"是纯真且美丽的,学校和教师都应尊重他们的成长。阿兰曾深情地写道:"一群小学生,在上学的路上争论着,比较着某个分词的主语或者某个比重,从他们的身边走过那有多美……"

"儿童民族"是如此特殊的一个"民族",因为有了他们,世界才会变得更完整。而且这是一个全民的民族,我们每一个都是从那里走出,从那里成长,渐渐脱离。我们研究这个民族,就是研究我们自己,研究人类的发展规律。这些发展规律会进一步作用于"儿童民族",最终让我们变成更好的自己,让人类在宇宙沧海一粟的历史长河中闪出更亮的光芒。

另一个"儿童的世纪"
——美国芝加哥儿童博物馆见闻录

法国中世纪史、社会史名家菲利浦·阿利埃斯曾经写过名为《儿童的世纪》一书,描写了中世纪当时的社会情形:小孩几乎一断奶,就被当作"小大人"看待,他们混入成人中间,穿着与大人相仿的衣服,与其一起劳动、竞争、社交、玩耍。从中世纪末期以来,父母逐渐开始鼓励小孩与成人分离,以儿童及对儿童的保护和教育为中心的新家庭观发展起来了。将童年时期视为一个最特殊的人生阶段,这个观念自此扎根于现代西方思想之中,并席卷了整个现代世界,成为无可动摇的价值观。

时间进入 21 世纪。2019 年 10 月 17 日,芝加哥儿童博物馆高级合作经理、野生动物学习专家凯蒂·斯利沃沃斯基(Katie Slivovosky)女士向我们出示了英文 fort 一词,让我们回忆小时候是否喜欢搭建堡垒,用什么来搭?是不是用手边能找到的一切物品,比如枕头、毯子、椅子……瞬间令众人产生共鸣,纷纷表示当时各有各的地盘,如同时光倒流三十年。

- 儿童视角是教育者最高级的视角

曾经看到一个故事,一位母亲带着年幼的孩子去参观画展,作品非常精彩,母亲回来就让孩子把看到的画出来。结果孩子的画纸上并没有出现大师的作品,而是画满了各式各样的腿,母亲非常惊愕。她又一次带着孩子去画展,蹲下身,以孩子的身高看周围的一切,结果什么作品都没有看到,只有一双双成年人的腿在不停地走动。母亲恍然大悟,深感愧疚,原来囿于孩子的身高,他的世界永远只有90厘米,他目光所及之处,除了晃动的腿,别无其他。这是一个和成年人完全不同的,需要我们俯下身来的世界——儿童的世界。

在芝加哥儿童博物馆三楼有个展区,是我个人特别喜欢的一个空间。展示了一个名叫迈克尔(Michael)的人的各类收藏,琳琅满目,满满一间,都是孩子们喜欢的小玩意儿,被整齐地放在柜子里、盒子里、箱子里、架子上。有各种颜色但同一尺寸的纽扣,有各种版本的印第安人小物件复制品,有各种材质的迷你箱子,小而精致,如同进入一个微缩版的陈列馆,而且这间展室还有一个专门为孩子设计的门洞,可以自由钻进钻出。

作为一个成人,你可以只成为画纸上的一双双腿。但作为教育者,我们要俯下身来,重新审视我们周遭的这个世界。以儿童的视角去看,去理解,去感受。只有产生共情与同理心,放低身姿,我们才能真正成为一个专业的教育者。

- **摸爬滚打的童年才是坚不可摧的**

创可贴,冰袋,锤子,钉子。你能想到什么?是不是玩锤子和钉子伤了手和脚趾头,然后又用创可贴和冰袋去处理?让孩子使用真正的工具而非摆弄玩具,是不是很大胆的做法?芝加哥儿童博物馆提出了他们的主张:不要过度保护儿童,而是鼓励他们去探索、求知,在活动过程中获得体验。等待,观察,跟从(Wait,Watch,Follow),每一个接受过教育专业训练的博物馆馆员都遵循这个原则。不要害怕孩子受伤,受过伤的孩子才会获得更多的经验。

不同的关注点让大人们做出不一样的主张。你是关注受伤及其后续处理事件,还是将更多的权利赋予孩子让他们去无所畏惧地触碰这个世界。我想在这点上,芝加哥儿童博物馆不仅是教育乌托邦理念的推行者,更是积极的实践者。我由衷表示赞赏。

我曾经写过一篇书评叫《玩命的童年》,书中描述的是在战火纷飞的中东地区孩子们生存的惨状。每一日,主人公为了生存与生计必须要不停地奔跑,在雷区中,在硝烟中,跑着跑着,就不知不觉地成为了少年。长大成人之后,他对自身命运的把控,对生活的理解都影响了其一生,使其坚毅、勇敢、不轻易放弃。

2019年10月17日10∶30,当我在芝加哥儿童博物馆一楼的大型活动组合架上极不灵活地穿梭时,我脑中想起的是我读一年级时某个夏天的午后,如何从滑梯上摔下来,毫发未伤却半天说不出话来的惨痛经历。那次经历让我懂得了秩序、规则以及从多高的地方掉下去是比较危险的道理。

- **带上好奇心,与大自然一起静观其变**

宇宙运行有规则。如何将一些规则让孩子在短暂的15分钟停留时间内被关注,一个纸盒或许能告诉你答案。一个小小的汽车世界,轨道,坡道,撞车点,被有序地摆放在里面,孩子们通过模拟汽车的各种运动,懂得什么是力学,什么是摩擦力,为什么两辆车同时起步速度会不一样,诸如此类的知识。馆员们同样不会给孩子们授课,仅仅 wait, watch, follow,让孩子们自己去涉足自然科学的领域,亲自打开通往宇宙的奥秘之门。

和一个学习野生动物学的同事一起能在儿童博物馆开创怎样的天地？把树枝、矿石、蜂巢搬进室内，是不是很酷？凯蒂和她的团队就是这么创意十足，给孩子们营造了一个与自然亲近、和谐的环境，明确并摆正成人及儿童在自然界中的作用与地位。

年级组长:可以直达的一线担当

如果说校长室、书记室是一所学校的"指挥部","三处一办"(即政教处、教导处、总务处、校办)是学校的"动车组",那么年级组就好比是学校的一节节"车厢"。只要这些"车厢"团结稳定、风清气正、步调统一,就能做好学校"和谐号"这篇大文章。

年级组长是与基层教师距离最近的管理者,也是最接地气的管理者。"接地气"有其两面性。一方面他们与广大教师同在一线,同处一室,同甘共苦,有着大致相同的工作内容和工作环境,他们有着很好的"同理与共情"的条件,能与大部分教师"说得上话";另一方面,他们作为组室团队的领头人,是全组教师关注的焦点,是"上传下达"的重要桥梁,如果处理失当,那么他们在布置学校相关工作要求的时候难免会成为众矢之的。因此,组长的业务能力、号召力、领导力决定了整个年级组的发展基调。

作为校长,如何才能最大程度地发挥年级组长的效能,既需要智慧,也需要方法。

首先,校长要帮助年级组长明确职责与使命。一份优质的工作计划能帮助组长们理清楚很多事情。他们的工作计划不一定有多完整、多全面,只需要写清楚四项内容就可以:指导思想、工作目标、主要内容和保障措施。

年级组工作计划的指导思想必须是基于本校的主要文件、制度与规定。如学校发展规划、办学理念、三风一训、年度、学期工作计划等。只有明白各项工作背后的意义与目的,组长们才能消除浮于表面、流于形式的工作态度,真正地投入到学校发展的事业中去。至于工作目标,则需要让组长描绘出他/她心目中理想组室的样子。如组室概貌的画像、未来发展的愿景等,组长需要想清楚的核心问题是:"我该用何种方法把整个年级的学生、教师领向何方?"

有一点非常关键,就是组长首先对学校文化的理解、认同、遵守、引领。组室的发展目标可以建立在践行办学理念与"三风一训"的基础上。当然,工作目标某种程度上也带有组长个人的价值取向与风格,因此也可以是个性化的,表达组长自己的思考、见解与主张。

关于主要任务,组长们可以聚焦六大项。

一是要有制度。包括例会制度、主题研讨会制度、学生大会等会议类的。此外,任务分配、检查与反馈制度、班级管理制度、办公室管理制度等也很重要。有了制度就有了秩序。一切井然有序、按部就班,确保重点工作不遗漏,常规工作可持续。

二是要定指标。这里的指标更多的是指"保底"的指标,比如学生伤害事故、校园安全事故、违反师德师风事件、不可调和的家校矛盾、教学事故等。这些指标必须是以一个极低的数量值存在,甚至可以设定为"0 发生率"。定了指标就如同有了约束。会时刻提醒组长预防这些事件的发生。

三是要谋发展。学校作为教书育人的专业场所,学生是最重要的教育对象。要将学生的身心健康发展放在首位,最根本的抓手就是课程标准里的"三课两操",即体育课、体锻课、大课间和广播操、眼保健操。当然,组内教师也需要组长们关心,特别是班主任的班级管理能力、学科教师的教学能力、青年教师的家校沟通能力等。此外，学生的学习质量也代表了一个年级的高度。一位追求进步的组长拥有积极向上的正能量，这种正能量是影响整个年级组的优质动力。

四是要讲人文。无论是学生还是教师都是活生生的人。年级组长不能是一台冷冰冰的工作机器，他应该有温度与人情味。组长要善于观察一些细节，如教师的早餐、学生的午餐、教师的办公环境、学生的学习环境、学生的到校方式、教师的交通工具、师生的人际交往等，因为这些因素能影响师生一天的情绪。一位有人情味的组长应该是"真善美"组室文化的缔造者。

五是要讲原则。在日常工作中，组长有责任与义务让教师时刻警惕不能触碰的底线、红线。一位教师楼层安全护导缺位，一次提醒，两次警告，三次肯定是要被视作校内的安全管理事故。这些标准组长可以与教师共商共定。讲原则很大程度上能帮助组长建立威信。要让组长们懂得严肃批评与关心关爱并不矛盾。

六是要能落好三个"实"。即基于实情、讲究实际、追求实效。"实情"是指年级组的现实状况，包括师生人数、班级特点、教师特点、设施设备等；"实际"是指计划不能好高骛远，脱离实际，遥不可及；"实效"是指要有较明显的成果及成效的达成，最好可检验。

年级组长们的工作内容琐碎繁杂。作为最基层的学校管理者，他们的职责范围综合、宽泛。从校园安全、班级卫生，到着装礼仪、路队管理，都需要体现出一个年级的整体精神面貌。培养这支队伍并不容易，但一旦这些实力干将能独当一面，那么学校的运转将更加顺畅，也更有利于学校长远、稳定、快速地发展。

校园里的三种"格物致知"

格物致知是一种方法论,也就是一种定格研究的方式。它是由中国古代哲学家王阳明提出的概念,意为通过观察事物的本质来获得知识和智慧。其中,"格物"指的是以物寻理,通过观察,研究事物的本质和规律;"致知"则是指由此获得真知。这一理念强调通过直接体验和实践来认识世界,相信人的心灵本性是具有智慧的,只要不被外在干扰,就能直观地领悟事物的真理。很多学校将"格物致知"作为校训,其意深且长。我认为新时代背景下,通过学生、教师、校长的视野能赋予其新的含义。

第一重视野,学生视野。学校是每个学生除了生活之外停留时间最长的一个场所,也是非常重要的成长环境。学生眼中的"格物致知"需要看见学习目标的清晰性、掌握学习方法的规律性、辨识同伴的分类性。主要涉及到"为什么学""怎样学""和谁学"三大问题。学生是一所学校最庞大的人群,也是学校最重要的服务对象。杜绝"空心"学生,必须要为其树立清晰的学习目标,针对不同年龄阶段的孩子要激发其不同的内在动力,将目标"可视化""具象化""拆解化"。面对各式各样的学习方法,教师要引导学生通过反复尝试为我所用,辅以学习规律、认知规律、个人学习风格等因素共同遴选。在成长过程中,同伴对学生来说至关重要。很多学生也深以为然,物以类聚,人以群分,同伴的影响将在其某些成长经历中发挥重要作用,因此选择"良伴佳友"亦是考验学生价值取向与眼光的分类项。

第二重视野,教师视野。教师视野下的"格物致知"包括对育人目标全面性、育人方法艺术性、教师职业特殊性的理解、认同与行动。教师必须要认识到所谓的"好"学生远超"成绩优秀"这一标准。在正确的育人观下,必须是德智体美劳全面发展的学生才是国家需要的建设者与接班人,理想信念、道德修为尤其重要。当然,要做到真正的五育并举则需要有艺术性的教育方法,要善于因材施教、因势利导。富有艺术的教育能"激活"人,简单粗暴的教育是"伪教育"。教师必须要根据自己的学科特点、岗位性质、个人特长来"定制"适合自己的方法,这样才有可能成为一名真正的"教育艺术家"。

第三重视野,校长视野。校长视野下的"格物致知"包括坚持办学目标的正确性、育人理念的先进性、管理治校的科学性。近年来,教育新词、热词层出不穷,尤其在新课程方案、课程标准推出之后,为了与国家育人目标保持高度一致,校长必须迅速做出反应、实施变革。要对"为谁培养人""怎样培养人""培养怎样的人"给出最佳的答案。校长育人理念的先进性主要表现为对五育并举高度认同、能制定有力的五育融合举措,并能围绕学生核心素养的发展与培养坚定不移地实施。在管理上则通过学习与实践,慢慢转为多元主体的学校治理,并能逐渐走向善治,甚至是无为而治。

"格物致知"主张通过自我觉察和内省,以及对外在世界的直接经验,来实现对内心世界和外部事物的理解和认识,突出了个体主体性和直觉认识的重要性。其实,无论是学生、教师还是校长归根结底都是"人",且都有"心",那么偶尔与"心学"结合,也是对当下教育与中国传统哲学的某种思考。

评价,需要融入学校"基因"

随着新课程方案与标准的出台,评价也成了改革的重点试验区。评价的种类、维度、方法有很多。但学校作为评价的主体,在整个过程中扮演着何种角色,起到何种作用,离不开学校管理者深入的思考。

在评价中融入办学理念是途径之一。学校可以在考试之外的其他评价领域大有作为。学生是教育的主体,学校则是教育发展的主阵地。一所学校,培养出来的人才如果能自带学校特有的基因,那么学校教育的影响便是终身的。

其中学校的培养目标是不可或缺的。我在九亭第四小学担任校长时,提出了"每一个孩子,每一个机会,每一天"的办学理念。我相信每个孩子都是独一无二的个体,他们外显的个性与内在的潜能,都需要在启蒙教育阶段被发现、被激发。学校为他们提供发展的机会,搭建展示的舞台,让他们能够在童年建立起正确的认知观、良好的习惯、充分的自信力和初级的批判思维能力。我们鼓励孩子勇于尝试与发现、敢于担当与负责、乐于助人与分享、善于学习与思考。一个孩子,只有在被不断激励及被充分给予适当机会的前提下,才能完成必要的学习经历,从而真正地掌握某项技能。我们的办学理念为每一位孩子的终身发展奠定基础:尊重每一个孩子,珍视每一次机会,珍惜每一天。

要对这三个"每一"来进行评价,涉及到的对象与范围就非常广泛。

大致可以归为以下几类：教师行为、课程质量、学生教育。"教师行为"维度来检验是否"尊重每一个孩子"；"课程质量"维度则考量是否为每一个孩子设计了适合的课程与活动，即对应"珍视每一次机会"；"学生教育"维度则时刻提醒孩子，有没有在有限的生命中"珍惜每一天"。当然，这三个维度时不时地会交织融汇，互相重叠。如"课程质量"的评价也可以参考"尊重每一个孩子"的指标，但学校可以有解释权，也可以设置侧重点。这就是校本评价的灵活性自主性。

除了办学理念，校训也是很好的评价指标。还是以之前的那所学校为例，其校训是：仁礼、博雅、惜时、行远。学校要求全体学生在人格修养上做到"仁礼"，即内心善良而谦谦礼让，温良恭顺而性格坚毅，这也是做人与交往的基本准则；学识修养上要"博雅"，追求知识渊博丰满而视野开阔，不必精益求精，但需要不拘泥现状而寻求突破；工作和学习的态度上讲究"惜时"，实则追求高效而严于律己的行事习惯，善于时间管理和个人管理；志向上要"行远"，理想是人生发展的内驱力，少时立下的雄心壮志足能改变一个人的人生轨迹，我们期待每一位从学校毕业出去的孩子的人生都是精彩且意义高远的。

综上所述，每一条都可以细化为指标，可以指向道德、学业、品格、习惯、成效等维度。同时，需要注意的是学校的评价要与国家评价要求相结合，是一种从属关系，更是一种执行力。除了摆正关系，学校还要研究指标具体如何嵌入国家要求。

我们需要一套科学、健全、基于孩子终身发展的教学与评价体系来实现我们的培养目标，而不希望孩子从小就被过重的学业负担、片面的评价方式来限定其将来发展的无限可能性。让孩子失去"本该成为的样子"的机会。

在评价中融入学校"基因",会让评价更具有真实性,也是检验学校办学成效的重要手段,这也是学校内部自己"教—考—评"一致性实践。

第三辑
教育的未来

"混合思维"与未来教育

作家理查德·洛夫提出了"混合思维",即拥有混合思维的人能够在数字世界和物质世界之间轻松地来回切换。这种认知灵活性将我们古老而神奇的多感官能力与最近获得的、聚焦范围狭窄的数字能力结合在一起。在 21 世纪的今天,孩子必须学会同时拥抱科技和大自然,这就需要我们广大教育工作者首先要拥有这样的"混合思维"。

冷静观察一下,在信息化扑面而来的时代,我们早已变成了一群"技术瘾君子":执迷不悟地在智能手机、平板电脑、笔记本电脑和电视之间切换。大多数年轻人,即所谓的"数码原住民",现在每天要花 7—10 个小时盯着电子屏幕看。当大多数儿童进入幼儿园时,他们已经花了超过 5 000 个小时看电视——这么多时间足够攻下一个大学学位了。如果不去读书,把这些时间用在看世界上,我们的孩子则会变成一个强大的观察者与创造者。他们的世界除了数字 0 与 1 之外,会有更丰富的物质构成,会全面理解这个立体、多维的现实世界。

然而现实并非如此,我经常会遇到无助甚至绝望的家长。在面对孩子的手机、网瘾问题面前,他们脸色苍白,束手无策。手机和网络并不是洪水猛兽,无力应对这突如其来问题的家长和孩子才是问题中心。上述现象我认为是孩子的生活、学习环境出现了偏差:他们脱离了真实的物质世界。处于这种状态的孩子,似乎整个人都沦陷在数字世界里,与现实社会的缔结关系岌岌可危。他们的思维方式被阶段性地严重固化,不再丰富、多维。如果没有外力,他们甚至难以自拔。

环视我们的学校,现代化的教学设备随处可见。特别是课件的大规模使用,在多了一种教学方式载体的同时也让教师渐渐失去了诸如板书等传统的技艺。然而,最大问题还不是教师基本技能的荒废,而是学生对这样一种教学方式的依赖。在以往的课堂中,学生跟着教师的思路走,而在如今的课堂中,他们则会被PPT牵着鼻子走。他们甚至不再信任自己的笔记能力,而完全服从老师发在班级群里的知识点。

是什么造成了全社会的"电子依赖症"?《第三次浪潮》的作者阿尔文·托夫勒为我们精妙地描述了人类的科技发展史,或许能帮助我们解答部分疑问。他指出人类的活动总是咎由自取。反思力与忧患意识的缺位让"电子舒适区"成为了生活常态,这是另一种形式的毒品泛滥。当然,如果只是一味地阻止孩子接触电子产品与网络显然不可取。脱离了适应与创造现实世界的教育是无用的。"混合思维"需要我们更加审慎地平衡与调整"数字思维"与"物质思维"。

难点是如何在"数字思维"时代替孩子们杀出一条"物质思维"的培养路径。自然孕育了人类的起源,从宇宙之初就有很多规律不可撼动,但数字时代的出现甚至连100年都不到,我们突然就大规模地放弃了大自然以及对各种规律的探索。很少有人觉得这种放弃错误且可怕。大自然是最好的"物质世界",是培养"物质思维"的绝佳场所。而人类与大自然要建立有意义的终身联系,必须首先要爱上大自然。

世界上很多大城市里,有多种组织鼓励儿童要与大自然联系起来。这些组织包括独立学校、自然历史博物馆、环境教育组织、植物园、动物园、天文馆、水族馆、科学中心、野外装备商、自然教育中心以及儿童大自然营地。这些场地与大自然都有着或紧密或松散的关系。这些场所构成了儿童的物质世界，是成年人为他们缔造的礼物，也是理性思考与设计的产物。

学校可以帮助孩子爱上大自然。创造力导师肯·罗宾逊曾说："教育就像园艺，是一个有机的过程。我们在种花的时候，不会因为哪株花长得不够快，就去拽起来，这不可能对花有帮助。我们也不可能把所有花种得一模一样。"学校的使命之一便是千方百计地把孩子带进大自然中，引导并启发他爱上这浩瀚、丰富的地方。在一个暂时脱离了电子设备的环境里，让孩子去感受每个生命最初的样子，通过观察植物的生长了解土壤的秘密，通过抚触小昆虫了解进化的规律，通过听风观雨获得宇宙的奥秘，这些经历都有助于孩子形成元认知，是绕过任何"虚拟"手段获得的"一手"经验。

我很喜欢这样一个比喻，如果你想建造一艘船，那么不要鼓动人们去收集木材，也不要给他们分配任务和工作，作为教师，我们的目标不是分享事实或分配任务，而是充当牵线搭桥者，帮助儿童爱上大自然，让他们渴望沉浸在大自然中。这种情感上的吸引力一旦牢固确立，就将滋养他们终生的好奇心和寻求答案的渴望。大自然能唤醒更多人类的意识和让教育回归生命，就是要让孩子有机会体验生命中的各种波澜，最终以自己独特的方式绽放。即便未来变成"硅基世界"，但人类的"混合思维"能力依然会在这个宇宙中大放异彩。

未来就是此刻

1996年,在巴黎召开的一次OECD教育部长会议,主题是"全民终身学习",与会的教育部长们邀请OECD来评估"面向未来的学校教育"这一观点。那一年,笔者尚未成年,第一代智能手机尚未被发明,亚马逊尚未建立无收银台实体店,几乎没有人对马斯克的时速1 300公里的胶囊高铁(hyperloop)产生概念。现在,2017年,离那次会议已经过了21年,笔者也早已过了三十而立之年,那么,我们已经进入未来了吗?

我们首先面临的现实是影响日渐深远的全球化问题。知识、学习和教育与这些方面相互交织,如很多学者所描述的一样:就连我们的文化也全球化了。结果之一就是我们的活动,包括我们与家人和朋友的关系,变得越来越超越时空。这也延伸到学校中的儿童,如今,他们通过互联网、电视等其他方式重新定义他们的世界,形成他们自己对音乐、环境、体育、种族的理解。聚焦目前中国的小学生,已经不局限于歌唱《让我们荡起双桨》、表演《茉莉花》集体舞了。在笔者的学校里,每逢艺术节或者大型活动的场合,孩子们总是喜欢更现代且多元化的表现形式,比如演唱流行歌曲,尤其是年龄相仿的少年组合团体、表演技巧要求颇高的街舞,甚至演奏一些不太普及的乐器,如大提琴和爵士鼓。和多数出生于20世纪七八十年代的父母相比,这群出生在21世纪的孩子已经身处我们小时候所憧憬的"未来",他们已被贴上了鲜明的时代标签。这一切正告诉我们：未来无须等待，未来就在眼前。

身处未来，学校、老师、我们的教育体系真的都已经准备好了吗？在教师个体层面上，他们需要在心理上从独自工作学习的状态中转换出来，不能再认为知识创造只是别人的工作。教师应该转变对自我身份的定义，把与同事共同创造知识视为教师职业的一部分。在系统层面上，学校必须找到相应的方式把教师集中起来共同从事这种活动。而学校则要向学习型组织方向发展。

从古至今，甚至包括未来，人被认为是天生的"文化生物"，因此人本质上是需要教育的。在未来，已经越来越不能把教育只局限于儿童年龄阶段，且不能认为在儿童成长为成人时可以结束教育。确切地说，我们必须认识到，人原则上是并且始终是需要教育的，因为人在整个一生中始终在向更新的阶段发展，而在这些阶段中又始终在产生新的学习任务。人的整个一生都需要不断接受教育。不仅需要进一步传授知识和技能的成人教育，也需要持续的、真正的、道德品格方面的教育。

许多专业人士、工人、科学家等要在离开学校很多年以后才可能实际运用他学到的知识，而那时，他们早已忘记了在学校所学的课程知识。这些情况出现在那些高技能的行业，也出现在那些低技能的行业。OECD国际研究指出："一个繁荣发展的学习型社会的一个特点就是多少人具有可以应对生活的相对简单知识的能力，这些知识可能不是新的或者是'第一'次——是历史或者是全球的。"

未来学校可以提供的与可持续发展相关的学习经验相比，更重要的是独立思考的能力、自我反思、媒体分析、个人和集体决策和解决问题的能力。尽管这些能力作为官方的教育目标在很多国家都有所表述,但是在实际教学过程中真正得以实现的却很少。这些能力的切实培养才是可持续教育的关键目标和成果,比小范围内的课程改革具有更大的价值。

然而,我们清醒地认识到:学习质量、改革是否成功的关键很大程度上取决于教师。举例来说,从前,计算机辅助教学被误解为可以取代教师在教学中的作用。但是,如果没有教师有效地运用这些教学辅助设施的技能,这些技术的潜力就很难实现。尽管提高工资、改善教学环境、减少班级人数等措施都有重要作用,但是提高教师队伍整体素质的关键还在于教师专业化的培训、改善学校的整体工作环境以及学校的组织结构。"未来就是此刻"——这也是进步教育的六大原则之一:"反对或多或少地为遥远的未来准备,主张尽量利用现实生活的各种机会。"我认为,面对这来势汹汹的"未来",我们要做好三方面的工作:萃取过往的精华并不遗余力地进行传承;设计适应现在的做人行事规则并予以传播;把握更远未来在目前已显现的线索并适时地加以甄选。

关于过去,远至人类起源,近至20世纪,人类一直在不断发展和进化的过程中,并且逐渐从单一的动物性变为现在具有智慧的高等生物。在历史的长河中,有无数珍贵的宝物,有对自然世界的认识,有对人际交往的行事法则的构建,有对物质创造之术的发明,也有对精神层次的理解与剖析。教育工作者的重要使命之一,就是让道德、伦理、法律这些高级的、人类独有的财富得到不断地延续,让整个人类社会生生不息。但在周而复始中如何得到优化,还需要对目前正在发生的整个世界有清醒的认识,技术的不断变革、科学的不断发现、优秀思想的不断涌现,让人类有着更美好的生活体验,让每一个活在当下的生命体有了更便捷的获取方式,这些美好的生活体验和便捷的获取方式,也是教育工作者需要搜集、概括,并予以积极传播的重要内容,我们面对的学生毕竟生活在这个时代,他们纵然有着欧洲中世纪的智慧,但无法灵巧地应对21世纪的日常。因此在周而复始的人类活动中,迭代更新不可避免,甚至是21世纪的教育主题。值得一提的是,30年前当我们提及未来,想象远多于准备,我们想到过未来的课堂中可能会出现比较先进的仪器,但无法想象"翻转课堂"与"云课堂";我们也勾勒过一个有机器人服务的自动社会,但无法想象一部手机就可以完成通话、上网、付款、拍照、录音、文学或艺术创作的全部功能。

那么,关于未来,我们真的做好准备了吗?既然我们在信息的狂轰滥炸下,知道了新能源汽车,知道了虚拟现实技术,知道了人脸识别签到,那么我们是否应该为未来的人类做好"全息影像通话"的理论准备(至少是心理上的),做好乘坐"Hyperloop高速列车"的旅游指南了吗?21世纪最大的妙处,就是一些高科技技术端倪的频频出现,它们变得不再遥不可及,事实上,只要你拉住一根隐形的线索,便能抽丝剥茧,对未来的种种想象与可能便会唾手可得。

但是,我们真的有这样的雄心壮志吗?真的如此用心为未来的人类提供远在数十年前的告诫吗?事实上,我们更擅长用"翻转课堂""远程教育"来教授和学习过去的和现在的知识,也就是说传统的书本和课堂尽管有了更为先进的授课方式,但关于更远未来的生活想象我们还不够。怀特海曾说过"大学的终极教育目标就是教会人想象"。大学的恰当作用就是——用充满想象力的方式获取知识。当然,更多时候人类的想象力是与生俱来的，一个健康孩童眼中的世界是彩色的，他们脑中的"怪念头""怪物"特别多，但随着野蛮教育的肆意疯长，时代、区域的道德戒律而敌意对待，孩童的想象力逐渐削弱，有一些还保留着，有一些则消失殆尽。吊诡地诚如怀特海的期望：在最高学府中将人类这种本能重新唤醒，并加以发扬、肯定。一切重新回到原点，这才是人类本来的样子。

在联合国教科文组织报告中关于生存和终身学习所需能力中，包括学生具备"被认为可以应付复杂的、高级的未来社会的日常生活和工作所需的基本的"读写和数学能力；数字化读写能力；具备坚实的学习和再学习的能力——了解学习方法——并有足够的动力去学习；发展人际关系网的能力；认知和非认知能力以及情商；服务性和自我服务；批判和质疑的能力；容忍和多元文化的欣赏。

我理想中的未来教育，应该也是充满了想象力和丰富色彩的成长介入，是美好生命、便捷生活的"助长剂"。美国心理学家、教育家、教育心理学家桑代克（Edward Lee Thorndike，1874—1949）认为"没有一种科学比教育更能造福于人类"，并列举了3条理由说明教育的不可或缺：一是人类天性的局限；二是儿童自然的和无指导的学习常发生错误，延误时日；三是当今世界变化莫测，只有教育才能帮助人适应变化的时代。"社会性的欲望经常处于准备状态，是指导和促进学习的较为可靠的手段"，这也是桑代克著名的学习律中的"准备律"。

就在写作本文的当日（2017年2月7日），获知茨维坦·托多罗夫（Tzvetan Todorov）刚刚去世，这位结构主义文学批评大师、叙事学理论的主要奠基者在著作《走向绝对：王尔德　里尔克　茨维塔耶娃》一书中描写道:"瓦格纳和圣西门们做着同一个梦,他梦想着,不远的将来,机器可以承担人的繁重劳动,人们一旦摆脱了令人精疲力竭的苦役,大家都可以自由快乐地转向艺术创作。"

"知识并不比活鱼更易保鲜"

怀特海在《教育的目的》一书中写道:"对于成功的教育来说,传授的知识必须有一定的更新。要么是知识本身的更新,要么是知识在新时代新世界中新颖地应用。知识的保鲜有如鱼的保鲜,不更新就会腐烂。"

何谓"成功的教育",每个人心里的定义都不一样,也有各自的理由。怀特海作为一名脍炙人口的教育家,数百年来影响了无数人。很多经典的观点从现在的视角来看依然绽放着思想的光芒。对我们教育工作者来说,如何"保鲜"知识是一项巨大的挑战。任何有觉悟、有良知的教育者不会把陈旧、不合时宜甚至是错误的知识教授给学生。更新知识,使其成为学生真正受用的本领是新时代背景下广大教育者的责任与义务。作为教师,只有不断更新自己的教育观念、教育认识、教育内容、教育方法、教育评价,才能不断落实国家的要求、满足时代与社会的要求。

无论是课程的顶层设计者还是一线的教师,首先要迭代自己的教育观念。《义务教育课程方案》,一本薄薄的册子,规定了国家最新的育人要求,解释了"为谁培养人""怎样培养人""培养怎样的人"。很多教师非常投入工作,但往往只忙着"低头赶路"而忘了"抬头看天"。教育观念是教师开展所有教育行为的方向与准绳。

"教育认识"与"教育观念"有本质不同。以我的理解,"教育认识"是教育者对教育的个人理解,因人而异。有人认为教育成就人生的幸福与美好,有人认为教育无非就是为了将来有个好饭碗,也有人认为教育是人类文明的传承。比较典型的认知分歧存在于教育者和非教育者、教师与家长之间。学校希望培养德智体美劳全面发展的社会主义事业建设者和接班人,教师希望他的学生在任何一个领域都能有所成就。而家长的意见就比较不一致了,有的希望孩子能考入重点大学,实现阶层跨越,成为家族荣耀;有的希望孩子身心健康、平安幸福。所以学生很累,他们承载着不同大人群体对他们的期望。"教育认识"的保鲜总是跟随着成年人的"认知晋级",也就是取决于大人们的"成长"。同理,教师的"晋级"与"成长"也与"教育认识"息息相关。

"知识"似乎与"教育内容"关系最为密切,因为"知识"会主动迭代更新。不同于"教育认识"和"教育认知",时代与人类发展的洪流与进程会让"知识"自动保鲜,每一个个体只需去"拿来"处理即可。自人类进入21世纪后,信息爆炸,数字革命,电子浪潮,新技术如雨后春笋般涌现出来,这直接影响了整个世界运行的规律。无论是军事、国防、工业、农业、金融、交通等都发生了翻天覆地的变化,教育毫无悬念地也被卷入其中。面对汹涌而至的新世界,教育最重要的使命就是用"新知"育"未来"。教育的顶层设计必须高瞻远瞩,为国家、社会、学生的未来服务。

"教育方法"是紧跟着"教育知识"的"利器",其中教育信息化既势在必行,也迫在眉睫。其实,与其将"信息化"作为方法,不如说是作为一种手段。仅仅用大数据、学科网站、自动组卷系统、自适应学习系统、电脑、平板电脑、"点阵笔"(一种能追踪学生书写或解题过程的电子笔)是远远不能实现教育现代化的。我认为真正的教育方法应该是与学习方式紧密相连的。而学习方式又是关于学习者如何获取"知识",甚至超越"知识"本身,达成通过"知识"这个载体获得思维提级、启迪心智、塑造心灵的功能。课堂的变革就是教育方法的变革,传统模式、项目化学习、小组合作学习、导学单、杜郎口模式、衡水中学模式……耳熟能详的就比比皆是。但是,"教无定法""因材施教",在教育方法这块大"试验田"里没有"一招鲜"的灵丹妙药。教育方法如何保鲜,我认为最重要的一定要摒弃各种"防腐剂",不断推陈出新,让学习方式永远成为最时髦、最前沿的话题。

若要让"知识"保鲜,那么导向要先行。"评价"无疑就是这个"导向"。"评价"的方式、维度、对象各式各样:过程性评价、终结性评价、增值性评价;评价课程、评价学生、评价授课教师。"教育评价"一直"被关注"但"难回答"。"评价"什么?怎样"评价"?凭什么这样"评价"?新时代背景下教育评价也经受着考验与质疑。"一考定终身"这种简单粗暴却无比好用的方式是存续,还是被淘汰?尽管评价涉及的领域与维度众说纷纭,但终极指标应该是:我们的学生究竟学到了些什么?

如果从"知识保鲜"的视角来看,一百多年前怀特海就已经预料到陈旧的知识会腐烂。比起工业与社会的进步,教育"进化"的速度是比较缓慢的。慢到目前我国大部分的教室还是工业革命时期的桌椅摆放,慢到目前很多老师的授课方式依然是死记硬背,慢到我们的高考依然仿似"科举考试"。这些问题都值得令人深思。

我眼中的未来学校
——蓝图构建的五大支点

未来已来,是 2019 年及至少前两年的高频流行词。未来是什么?为何那么多人说它已至?作为一名教育工作者,我更关心的是未来学校是怎样的,它的样貌,它的灵魂,它的生命力究竟何在?未来学校,不仅是一种概念式的注入,它更担负着培养当前及往后一个世纪公民的责任,教会其生存能力,教会其认识自我及人类族群的能力以及教会其适应未来的能力。

2019 年 10 月 16 日,有幸聆听美国西北大学博士基特·马丁(Kit Martin)为我们做的一堂讲座,阐释了他眼中的未来学校,也让我对"未来学校"这个概念有了进一步了解。以下是我的几点思考。

支点一:成功的定义

马丁博士,一位高大帅气的白人学者,棕色头发,戴着万圣节标志的蝴蝶结领结,11 岁之前从未接受过任何教育,没有高中文凭,却凭着三篇研究论文直接被哈德逊湾巴德学院录取,成功获得学士学位。工作十年之后,又进行了高层次的学历进修,获得硕士学位,目前是美国西北大学教育学院博士生。问其成功的秘诀,说是 11 岁到 24 岁间,进行了大量的阅读与自学。同时,美国高校不拘一格的人才教育观,让各种意欲上进的人都有了通往成功之路的可能性。面前摆着的即是一位。

众人不禁哗然。

究竟何为成功？必然是一百个人有一百种答案，但主流的观念无非就是上一流大学，得到一流的工作，继而有幸福美满的家庭及稳步上升的事业。一流大学标志着一流的教育，但何为"一流"的教育，是凭借考试和分数胜出从而获得机会吗？非也。美国特朗普政府在2017年出台了《让每一个孩子成功法案》，旨在重新为"成功"定义。这也让我想起了加德纳的"多元智能"理论。有的学生学业成绩优异，有的在创造力方面突出，有的在组织能力及口头表达能力方面杰出，每个人都是不一样的个体。这个方案让教育真正地关注人的本身特质，而不是以学术成绩为标杆。"扬长不避短"，最大程度地发挥每个生命存在的意义与价值，这或许就是《让每一个孩子成功法案》想要表达的意思。

支点二：学习方式的变革

学习方式的变革说到底还是教学理念的改变。以往的"以教师为中心"的教学方法突出教师的主导地位。但随着心理学、社会学、生物学、脑科学等不断研究与发展，"以学生为中心"的教学方法显然更科学。说到底，"以人为本"是其核心思想。无论是个性化学习，混合式学习，无一不在和传统教学的"满堂灌""一刀切"较劲。其中有两个关键点，一是师生比，二是学习空间。观察了多所美国学校，小班化是基本态势，极少有一个班级超过25人，从幼儿园至高中莫不如是。美国的教室面积也相对比较大，有多种功能区域的划分，如阅读区域，个别辅导区域，教师办公区域。其个性化之丰富令人大开眼界，我亲眼看见有间教室里放了一艘小船，里面摆满了垫子，学生可以选择在船里进行阅读。也见过上计算机编程的教室里放着浩室音乐，有舞厅里的闪光球，旨在激发学生的创作灵感。

个性化的学习关键在于教师要掌握每个学生的特点、学习进度、学习效果,监督其个性化的学习方案,及时介入,让学习者得到充分发展。这也是在人工智能大行其道的当下及未来,教师这一职业无法被取代的重要原因。

支点三:思维方式的训练

一个人如何做事、如何评判他人做事,取决于他如何思考。思维方式是构成一个人软实力的重要标志。它关乎一个人能否适应环境及顺利生活。21 世纪教育高频词"批判性思维""逻辑思维""设计思维"等都显示了"思维"作为人类特有的内在特质,其广受关注的程度。

训练思维,就是训练大脑,进而寻求认知、元认知、判断、自省、品格形成等要素。以批判性思维为例,溯源苏格拉底,探求了千年的真理,至今不衰。未来是否有取代它的新名词我不得而知,但求真求善求美必定是人类的本能,无法取代,未来学校也必定是这样一个理想的场所。

支点四:科技的介入

1994 年,万维网第一次被创造,人类正式进入互联网时代,这是整个时代进步浓墨重彩的一笔,理论上意味着全球信息可以实现互通。随之而来的是海量资源的建设与开发。谷歌、微软、苹果目前不仅抢占硬件市场,更是频频在软件高地插旗。各类学习平台,如 Canvas,Kahoot,Plikers,IXL 等科技公司研发了大量资源,致力于教育的发展。游戏的编程,软件的开发,App 的普及,STEAM 课程的广泛推行等,每一种新技术新手段都各自在教育领域找到了生长点。无论在学校的教室里,学生的手里,公共图书馆的创客空间里,随处都能看到电子设备,从装备精良的图形处理笔记本到平板电脑,总有一款适合学生的学习工具。为了保证科技在低收入家庭中的无缝入住,政府甚至都会为具备相关申请条件的学生免费提供无线网络。

支点五:个人与社群的关系

21世纪关键能力 4Cs,即批判性思维(critical thinking),沟通(communication),合作(cooperation),创造力(creativity),其中交流与合作都非孤岛式的存在,而是需要学生与他人、与团队进行互动。我曾经描述过我理想中的学校,"人是善良的人,健康的人,智慧的人;人做的事是正确的事,对自己和他人都有利的事,务实而不空虚的事;景象是蓬勃的景象,和谐的景象,向上向美的景象。所有的人和事都在景象里融为一体,运转,交织,展示与分享生命的美好,成为人类历史之轴中耀眼的坐标。"

未来学校,一旦离开了先进的教育理念就是一种倒退,离开了符合人性的学习方式就是一种停滞,离开了升级人类智慧的目标就是一种无效,离开了科技的支持就不能称其为未来学校,而离开了人与人之间的关系缔结,那么它连学校都不是。

路演,创新与创业

我们要么找到一条路,要么自己开出一条路。

汉尼拔,公元前217年

美国加州的旧金山是创业者的天堂,遍地的投资公司和律师事务所,充满创业激情的年轻人,琳琅满目的商学院及相关课程,都很好地向我们展示了美国人的创业精神。一般而言,新公司的破产率呈以下趋势:19%在一年内破产,35%在两年内破产,60%在5年内破产,这些数字在各个历史时期都呈现很稳定的状态,但不同的行业和公司类型有所不同。在经历了2008年金融危机之后,美国前总统巴拉克·奥巴马2009年2月24日在国会两院联席会议上说道:"本次危机尽管严重,但并不能左右我们这个国家的命运。对于我们目前所面临的问题,我们并非无可作为。它们的答案就在我们的实验室里,就在我们的大学里,就在我们的田地里,就在我们的工厂里,就在我们企业家的想象里。"

- 创新与创业

创新是美国教育界21世纪关键能力4Cs(即批判性思维critical thinking,合作cooperation,沟通communication,创造力creativity)中的一项重要内容。在芝加哥地区众多的美国学校中考察时也发现,很多学校及课程为了培养学生的创新能力,建设了一批"创客实验室"、增设了图书馆"创新中心"的功能,课程研发有STEM课程和STEAM课程,搭建了很多软硬件平台让学生们大胆自主地去发明创造。

创业精神深植于美国人的心中。众所周知,许多当今的英雄都因其创业的成功而获得广泛的尊崇。但是,每个国家都希望有自己的硅谷。创新的脚步只会加快,创业的成本也会越来越低。

个人认为,创业也是一种创新,但所发生的领域不同。在芝加哥地区参观时,曾经对很多学区内的鲨鱼坦克(Shark Tank,又称创智赢家)项目感兴趣,这是鼓励青年人创业的某种启动模式的下沉,即从原来必须要由大学本科生、研究生阶段才有机会学习的商业理论及实践,在中学甚至小学就让有兴趣、有能力的学生参加,通过提前接触,尝试发现并培养一批未来商业领域的潜在人才。

- **路演与预演**

在风投领域,有个专有名词"路演"。路演异常重要,方式也有不同:在社交场合遇到潜在投资者时,你可以用30秒做一个简单介绍;在这之后,如果投资者想要了解更多情况的话,你可以再做一个2分钟路演,然后是20分钟的完整路演。

即便是做一个20分钟的展示,前30秒也需要做得良好,以便后面的2—5分钟能够继续引起大家的兴趣。而做好2—5分钟的展示会让你获得30—60分钟的路演机会。之后还有2小时的路演会议。

在我所从事的基础教育行业中,我认为可以进行某些方面的"路演"尝试,其中包括创新与创业的结合。孩子与生俱来有着强大的模仿能力。心理学研究表明,很多孩子从小(7—10岁为巅峰)就喜欢模仿大人和大一些的孩子做的事情,他们从事的工作,他们穿的衣服,他们说话思考的方式,甚至穿着和发型也会对他们产生巨大的影响。因此,在万众创新的时代,在基础教育阶段孩子尽早地接触"创业"这种成年人掌控的领域,是具有一定可行性的。

美国学校里的Shark Tank项目,是在《不让一个孩子掉队》法案出台后,关于创新力培养与社区商业力量融合的典型案例。步骤通常如下:孩子们首先要设计出产品,然后自己进行"路演",说服几位社区内的商业人士并获得支持,出于社会责任,这些商业人士会帮助"路演"成功的少年,将他们的产品投入商业运作,并获得市场利润。面向未来,说不定一批商界精英就在少年时被发现。

美国创业成功者安德鲁·查克阿拉基斯(Andrew Zacharakis)等人在《我是这样拿到风投的:和创业大师学写商业计划书》一书中写道,创业者必须坚持终身学习。无论是新企业还是老企业,都会犯错,而且有些错误还可能导致公司破产,但成功的创业者知道如何更好地管理错误。华政附校未来的创业课程或许也要走一些弯路,但诚如文章开头的那句谚语一样,我们总能找到一条属于自己的路。

在我所在的学校,我们鼓励教师通过项目化学习的方式,在学科融合上大胆创新教学方式。由于学校紧邻广富林遗址公园,这一得天独厚的地理优势让我们优先拥有了天然的资源,通过将美术、历史、语文、数学、自然、劳技等学科的融合,开设"文创周边"创意商业课程,通过社团课予以实施,学校也在师资、场地、设备(如激光雕刻机、3D打印机)、场馆资源等方面予以足够的支持。

我深信,将来中国必定能出现比马斯克、乔布斯、扎克伯格更伟大的创业成功者。作为一名基础教育阶段的学校管理者,我希望能为更多年轻人的未来提供最顺应这个时代发展、最符合他们的认知需求、最能激发他们未来创业潜能的机会。同时,对一所新教师人数众多的新学校而言,最大程度地发挥这些年轻人在职业生涯中的"创业精神"、帮助他们实现社会责任与使命感,将无疑会为学生、学校、社区以及他们将来整个人生赋予更高层次的含义。

论若干教育的"算法"

《今日简史》的作者美国人尤瓦尔·赫拉利说每当他出版一本新书的时候,出版社就把他写的文字改成迎合谷歌算法的版本。"不要用这个字,换成那个字比较好,能在谷歌算法里得到更多的关注。"

算法(Algorithm),百度百科中被描述为"指解题方案的准确而完整的描述,是一系列解决问题的清晰指令,算法代表着用系统的方法描述解决问题的策略机制。不同的算法可能用不同的时间、空间或效率来完成同样的任务。一个算法的优劣可以用空间复杂度与时间复杂度来衡量"。

由此我想到了教育的算法。首先,要有硬件,即算法的写入者与被写入者。写入者是教师,不言而喻,被写入者就是学生了。硬件的质量直接影响输入的质量与效率。因此,"五育"中首先被卷入的就是"体育"。体育是被写入者的物理基础。学校里的体育,要发展学生的身体素质,包括体能以及各种技能,同时也培养了毅力。毅力被认为是成功者不可或缺的重要因素,斯坦福大学心理学家凯瑟琳·考克斯认为"一个人拥有偏高但不是最高的智力水平,结合最大程度的坚毅指数,他取得的杰出成就将高于最高智商水平与一般坚毅指数的组合"。紧随其后的是心理的健康,这能辅助体育让被写入者建立最佳的学习状态。

关于智育,从夸美纽斯的"泛智论",到现在的"思维"导向学科深度学习,人类无时无刻不在挑战当下时代的极限。智育是必需的,机械操练也是必需的,所有的学习都起始于晶体智力。美国心理学家雷蒙德·卡特尔把智力的构成区分为流体智力和晶体智力两大类。晶体智力是指在实践中以习得的经验为基础的认知能力,如人类学会的技能、语言文字能力、判断力、联想力等。流体智力是一种以生理为基础的认知能力,如知觉、记忆、运算速度、推理能力等。流体智力会随年龄的老化而减退,而晶体智力则不会。

在学校里,教师要了解晶体智力与流体智力之间的关系,并掌握其规律,指导其教学行为。只有科学的、基于研究的、富有成效的教学活动才能事半功倍地发展学生的智力,体现"智育"的成效。对脑科学、儿童心理学的理解与运用将会令教师的教学效果事半功倍。

德育二字,是非常具有中国特色的。从老子的《道德经》开始,"德"便被誉为中国传统的行事法则与做人准则。而西方并没有专门的"德育",此项工作更多被描述为对"品质"或"人格"的培养,或是对国家对民族的行为自觉,这与中国文化语义背景下的"德育"还是有本质差别的。近年来的一个高频热门词"立德树人"是明确写入教育部文件中,并要求各级相关部门具体实施的。

我认为"立德树人"这个词语就每一个字来说,都包含了好几层含义。"立德树人"的"立"包括了"立什么?""怎么立?""谁来立?";"德"包括了"何为德?"和"什么德?";"树"既是个动词,也是个名词,这里显然是作为动词,意为"树立"。从其名词词性思考"树"能让人联想到什么?从一棵树到一片林,风吹树叶,配合着鸟叫虫鸣和树影婆娑,给人带来美的享受与意境。那么,怎样的风才能化雨,润物细无声?必定不可是狂风,亦不可是飓风龙卷风,要恰到好处地介入,才是最自然的状态,也是顺应万物变化的自然规律。在一所学校中,也有隐形的若干股风,谓"校风""学风""教风""班风",唯有四风融为一体,方能清风徐来,撼动树林;方能风清气正,树立大写之"人"。进而观察"树"作为动词的词性,也就自然过渡为如何实施学校四风的话题了。

而"立德树人"中的"人",倒是一个并不复杂的思考:即"怎样的人?"我认为,要从对人类、国家、社会、个人四个层面进行考虑。如果一个人能被培养为能改良人类的命运、提升国家在世界民族之林的地位、完善社会的运转方式、实现个人的生命价值上有所贡献与突破,便是我对"人"的理解,也是对"立德树人"的最终观点。

关于美育的考究,高尔基曾预言"美学是未来的伦理学",布罗茨基在诺贝尔文学奖授奖仪式上也曾以"美学乃伦理学之母"为主旨发表了他的演说。美育包括了发现美、欣赏美、创造美三个层次。这三者之间层层递进,相互影响。首先,要让学生抬起发现美的双眼,不要低头自顾自赶路,而是要在过程中看得见、听得见,看得到生活中的美,听得到身边的美。其次,要建立学生欣赏美的行为自觉,无论是在大师作品前的流连忘返,还是为某件艺术品被毁坏而痛心,都是学生审美意识的觉醒。最后,要培养学生创造美的能力,当一个学生能随心所欲地调动他能想到的一切方法与途径去创造美的时候,他对自由的表达将又多了一个维度,他的世界也将因此而多了一个空间。

社会情绪学与德育

美国的社会情绪学(Social Emotional Learning,简称 SEL)是培养儿童或成人能够理解和控制情绪、能设定并达成积极的目标、能感受他人情感并表现出同情心的一门课程。该课程旨在让学习者建立、保持积极的人际关系,并能做出有回应性决定的能力。SEL 主要包括五项核心能力:自我意识、自我管理、社会意识、人际关系技能以及负责任的决策制定。

笔者在美国考察期间,发现无论是全国性还是州立范围的教育模型与教学方法的推行,还是学区与学校的教学改革都有高校参与的一席之地,如西北大学、多明尼克大学、斯坦福大学等表现出对基础教育及高中阶段教育的高度热情。旧金山公立学区愿景的制定就是基于斯坦福大学教授卡罗尔·德韦克关于"成长型思维"的研究,而该思维模式正是社会情绪学中关于"自我意识"的主要内容。

要有效、系统地学习社会情绪学也并非易事。系统的学习要求该课程要有意识地营造一种关怀、参与性强的、平等的学习环境。同时,科学的训练能让每一个参与的学生在社会认知、情绪调控、学术成长上产生积极的作用。这种教学方式将融入每个学生的日常,渗透于他们在教室、在学校的每一分钟,甚至当他们回到家里及社区中时依然能发挥作用。在美国学校里,SEL 学习并没有相对独立的学科,而是融合在阅读、数学、科学等课程学习中,是一种伴随性的学科学习。

研究显示,在过去的20年中,SEL学习显著增加了学生的学业水平。根据2011年一份针对213项调查的研究,涵盖270万名学生的大数据分析显示,那些有效参与真实的SEL学习的学生,成绩有了11%的提升。同时,SEL学习也提升了学生的行为表现。研究显示SEL学习有效降低了辍学率、学校和教室中的破坏行为、滥用药物、青少年怀孕、精神问题以及犯罪行为等。这是一项高回报率的教育课程投资。报告称,在SEL上的每一美元投入就能获得11美元的回报。

对我国的学校德育工作来说,SEL在很多方面能带来启示。这项学科是基于国家与社会的现实需求,大到社会问题,如吸毒、犯罪,小到校园霸凌。如何从根本上预防或者降低这些不良现象,这是在考量美国教育界的"问题解决能力"。从这点上看,我国的"道德与法治"学科似乎也是一门包罗万象的公民道德与法治、社会公约与基础法律的入门级综合课程,其实质是义务教育阶段的思政课,具有政治性、思想性、综合性和实践性,和SEL还是有一定区别的。

我国的学校德育工作与美国的SEL课程有多处共同点。如在《上海市学生民族精神教育指导纲要(试行)》稿中,明确"在公民人格教育的过程中,要把社会责任、诚信守法、平等合作、勤奋自强作为重要内容"。尤其是要在平等合作教育中引导学生学会尊重他人,友善待人;养成推己及人的处事准则,能够正确处理个人与他人、个人与集体、个人与社会及人与自然的关系;增强团队意识、合作精神,学会宽容,与人和谐相处,在集体、社会的发展中实现个人价值。这些目标要求与SEL核心目标中的"社会意识"和"人际关系技能"有着异曲同工之处。

学校是开展德育工作的重要阵地，是提升全民道德素养的起始站。如何在每堂课、每个学科中渗透有效德育，我认为学校的顶层设计非常重要。学校应结合自身的办学理念、育人目标、国家与上海市的相关文件，制定基于学校实际情况的目标；其次，要细化目标，制定具体的可操作的行为；再次，要制定评价指标，确保课堂教学效果；最后，学校对整个实施过程进行评测与验收。在我们学校，我们建立并试行了一种课堂模式，在初始实施阶段以时间量化的方式进行"有形规范"：课前两分钟，教师开宗明义地告诉学生本节课需要达成的某些德育目标，如学习习惯、交际规则、集体参与标准等；课后三分钟用于师生共同的反思，一起讨论并总结本节课相关德育目标达成的情况。

以培养学习习惯为例，关于习惯形成所需时长被引用最多的是发表于2009年的《欧洲社会心理学杂志》上的一项研究，他们发现：一个行为变成习惯所需的时间平均为66天。习惯不同于动力和意志力，它更是一种不是非常强烈但却能持之以恒的优良品质。杰里米·迪安（Jeremy Dean）在《习惯：改变命运的关键力量》（*Making Habits, Breaking Habits*）中写道："习惯不仅无法被认知捕捉到，而且也不会掺杂情绪……很奇怪，人们进行习惯行为时是不带有情绪的。"在我所在的学校，制定围绕"习惯"的一系列德育目标时，始终坚持学生的可持续性发展，尽量避免"需要动力才能行动"的想法。

诚然，关于"习惯"的主题只是我国德育工作中的冰山一角。无论是专题德育课还是与其他学科融合的学科德育，只要认真贯彻落实，同时结合区域、社区、学校的实际情况，必定能发现一条最适合的道路。

为未来学校培养未来教师

未来已来,这是当下的一个热词。尤瓦尔·赫拉利在《未来简史》一书中认为"当以大数据、人工智能为代表的科学技术发展日益成熟时,人类将面临着从进化到智人以来最大的一次改变……拥有大数据积累的外部环境将比我们自己更了解自己"。于是,各种关于对未来学校的美好憧憬与规划蓝图逐渐在各类教育工作者心中清晰起来。

未来学校,顾名思义,就是为培养人才所专设的教育场所。它可以用最前沿的理念、最先进的技术、最契合的方式去培养未来人才。但是,规划者与实施者都是教师。约翰·杜威曾说,如果我们用过去的方法教育现在的学生,就是在剥夺孩子们的未来。我们理想中的未来学校是建立一个教育生态系统。在这个系统里,大树可以生长,小草也有它的空间。我们需要缔造的这个空间,教师必不可少。

我认为,未来教师要具备以下三种素养。

一是拥有与时俱进、迭代更新的自我意识。这需要教师很强的主观能动性,因为这个属性根本上是关于教师个体的观念、理念与认识。这是培养未来教师的基础。21世纪是一个信息爆炸的时代,人类的科技发展呈几何倍数上升,传统教育必须要被注入新能量。同样是尤瓦尔·赫拉利,在《今日简史》一书中设想:"到2048年,人类可能要面临的就是迁移到网络空间、流动的性别认同,以及计算机植入装置所带来的新感官体验。"许多教育专家认为,学校现在该教的就是批判性思考、沟通、合作和创意,要强调通用的生活技能。要能够随机应变,学习新事物,在陌生的环境里依然能情绪稳定、心智平衡。如果教师还停留在几十年前的育人观,显然是跟不上时代的,甚至是延误教育的一种表现。当线上教学成为一种常态,那么传统教学方式必定会发生改变,甚至被替代。如果一个教师仅会用 PowerPoint 制作课件,他的信息技术水平显然是不够的,他起码要熟悉 1—2 个线上教学平台,会使用软件制作教学视频、会用面谈及通电话之外的方式与家长沟通……当然,以上只是 21 世纪对教师信息能力的要求,至于 22 世纪、23 世纪世界会变成怎样,我们尚不可知,但不变的是对教师具备与时俱进、不断学习、随时完成知识技能迭代更新的意识升级的要求。

二是要掌握现代教育信息技术与具备创新能力。这是培养未来教师的核心。上海市教委发布《上海市教育数字化转型实施方案(2021—2023)》之后,很多教师都在不断地学习与尝试。高老师是一名初三的物理老师,线上教学期间,面对学生的学习疲态与枯燥的学习内容,她陷入了思考:该怎样调动学生的学习积极性、提高学习效率,达到更好的学习效果呢?高老师本身就是一个业余游戏爱好者,对这个领域的敏感度也较高,她通过特定软件捏了个数字人偶"洛洛"。于是,这个虚拟动画人物开始出现在每节课中,她甜美活泼的造型、潇洒自如的舞姿、幽默风趣甚至带着一点方言的语言,一下子吸引住了学生,不仅调节了课堂气氛,更是让学习效果也事半功倍。

2020 年人类遭遇新冠病毒,全国大部分学校首次大规模进行线上教学,被认为是线上教学 1.0 版本时代。彼时,教育主管部门、学校、学生、家长几乎个个手忙脚乱,操作过程中困难重重。2022年春天,疫情在沉寂一段时间后卷土重来,且来势汹汹。为实现课程建设和实施情境化、教学资源多媒体化、教学方式多样化,技术与工具的迭代更新刻不容缓。然而,一些从未被真正解决过的问题再次出现:线上教学效果究竟如何?以华政附校为例,在不断地创新与试错中,学校从平台服务、教学管理、在线测评等方面制定了疫情期间教学保障体系,推出一系列支持方案,助力教师的线上教学和孩子们的居家学习。新技术的成功使用与推广,很大程度上取决于前期的教师培训,而培训的关键就是要转变传统观念、提升变革意识、获得信息技术能力。课前点名、开启轮播;举手上台、拖拽互动;自主切换、及时回看;丰富形式、活跃氛围;分发黑板、在线答题;虚拟实验、模拟演练……"华附小红书"——一个教师线上教学技能宝藏系列应运而生,一大批敢于冒险、敢于尝试的年轻教师们用智慧影响并改变着学校线上教学的形式,从无所适从到从容应对,从传统教学到"小红书"系列,从1.0到2.0,教师深感教育数字化作为工具,为教学创新所带来的科技感与便捷度。

  三是要有强大的共情力与洞察力。这是培养未来卓越教师的点金石。共情力与同理心相辅相成。共情力让我们对他人的处境感同身受,同理心让我们设身处地为对方考虑,将心比心。未来世界,瞬息万变,随着人类想象力与认知力的无限发展,科技与创新必将构成未来人类的多元生活方式。正如电影《头号玩家》及各种赛博朋克电影中对未来场景的描述,人类将极大程度地依托网络与科技而生活,从数字时代到全息时代的进程将会被大大缩短。一名卓越的教师如果不具备对未来各种生活方式的认知与体验,就很难成为一名合格的教育工作者。

如今,"00后"的教师已开始踏上工作岗位,作为千禧年一代,他们和"10后""15后"的学生一样,都属于"数字原住民",对时代潮流与特征的把握更趋于一致,这是一种优势,当教育者与被教育者在同一种成长环境长大,教师显然更懂学生,包括他们的需求与思维方式。这样的"同辈"师生关系或许在当下是短暂的,但在未来应该更是一种常态。

教研活动与波粒二象性

物理学中有个著名的实验,叫"波粒二象性"实验,几乎颠覆现代物理学的理论基础。大致意思是光会根据观察者的观察而改变其性质。通俗点来说,你目光所及,是一种形态;一旦你移开目光,就变成另一种形态。非常诡异,也就是说光有两种形态,根据人观察的改变而改变。这让我想起了学校里的某些形式的工作状态,如教研活动,是否真的能"在与不在一个样"?

教学活动是学校的重点工作,教研更是保障高质量学校教育的重要活动,但往往执行不力。在"双新"背景下,教研活动被赋予了新的时代使命,这种使命肩负国家教改的决心,直面改革痛点与难点,直指国家培养人的目标。高质量的教研活动需要教研组长和学校教学管理形成合力。我认为高质量的教研必须要有"伟大"的目标。

首先是学段贯通的"大学科观",一旦一个教研组将学科建设决定整体设计,并认为是全组所有教师共同的责任与义务,那么就有了共同做事的前提与基础。其次需要解决的是技术层面的问题,比如初中四年中数学总共需要掌握多少知识点,用到多少课时,究竟该如何合理分配这些章节;知识点之间关系是什么,如何重组才能最大效能地发挥学习效率;同一个知识点第一次出现在几年级,第二次出现又在几年级,是上学期还是下学期,有没有第三次出现,三次之间呈现何种关联……诸如此类,如果把这些问题各个击破,这个教研组的核心实力便由此生成。我认为这种实力是一种"教学超导能力",能触类旁通,帮助学生在最恰当的时机打通"任督二脉"。同时,这种能力并不是一位或者数位老师具备,而是需要组内每位老师都要研究、学习和掌握。其要求之高,不仅个体强大,而且需要彼此的连接与互通,在教学相长的过程中形成严密的组织网络,构成整个教研组的"血管与神经",打造"最强大脑"。这样的教研组必定坚不可摧,势不可挡,成为崛起的强势学科。

具有"大问题观"也是对教研组提出的另一大挑战。关键是找到具有共性的学科教学难点:这个难点可以是如何破解某个学科知识点的教学,如英语学习中的状语从句,如何通过简单有效、生动有趣、便于记忆的教学策略帮助学生找到语感,掌握规律,熟悉题型;也可以是解决学生在学习过程中呈现出的普遍困难,如学期过半学生的学习内驱力不足,该如何调整教学节奏、重构教学内容、增设非智力因素育人目标等。

最后是要具备"大育人观"。一个撇开学生,只谈教学的教研组是不专业的;一个只追求分数,而忽视学生身心健康的教研组是狭隘的;一个只顾自己学科发展,不愿意与其他学科分享及合作的教研组是短视的。高质量发展的教研组必须是聚焦学生核心素养的,关注学生真实能力生成的。既要有学校培养目标的引领、课程标准的执行,更需要以教研组长为首的新时代教师队伍高度的职业认同、良好的师德修养以及专业的教学与研究素养。

当教研活动不再具备"波粒二象性",所有成员都能全情投入,将所在教研组视之为一方成长空间、一座精神家园、一片奋斗热土时才能最终指向"伟大"。

人工智能时代的教育

ChatGPT在极短的时间内迅速火遍全球,它不仅能写出漂亮的商业计划书,也能把晦涩难懂的学术报告变成深入浅出、逻辑连贯的科普论文。甚至有人已经罗列了诸多能被取代的职业,其中包括教师。

刚看到这种所谓的预测时,作为一名教育管理者,心里的隐忧多于不适。看来,窄化教育的功能几乎成了大部分人类的通病。机器或程序怎能成为"老师"呢,它们最多只是高效的学习工具而已。人与工具有着本质的区别,人有血有肉,是有着喜怒哀乐情感的生物,而工具的属性只是为人所用。

在这场风暴中教育何以被矮化引发了我的思考。长期以来的教育领域中的"育分"倾向,让教育者自身的观念发生了偏航,急功近利,一味追求高分与升学率,深深地影响着管理者和教师们的行为,"只要学不死,就往死里学"之类触目惊心的口号,使我们教育人自己把自己推到了现在的境地。压力会传导,焦虑会蔓延,很长时间以来,整个社会都"病"了。学生被逼成了家长和教师的"工具人",儿童与青少年的特点、教育的规律,被忽视,被弱化,被绕行。

教育的好方法、好路径始终没有产生"跨世纪"般的变革,学习方式落后,学习内容陈旧,导致学习效率不佳,学习成效甚微,尤其是高等教育,从国际地位上来看也毫无优势。当智识水平很高的人工智能横亘出世时,人们难免产生看见了一道"光"一般的惊艳。人工智能精妙的算法,惊人的算力,让"自适应"学习成为一种自然现象,人类在机器强大的分析能力面前,瞬间变得渺小,也在刹那间产生了"自我矮化"的幻觉。

关于教育本质的探讨总是半途而废。好的教育让生命能更好地生活,而坏的教育不仅让人感受不到生活的美好,甚至还会威胁到受教育者个体,这不是教育本来的样子。教育最难完成的任务是让人成为一个自愿并热切追求知识的人。但是当高三学子在高考之后集体撕书的新闻触目惊心地报道时,不禁引人深思。这该是承受了多大的委屈之后的发泄啊,将写满批注的学习资料付之一炬时竟毫无迟疑与不舍,真是一出讽刺的悲剧。

面对ChatGPT火出圈的现状,我们不得不接受的一个事实是人工智能已经在开始威胁教育行业了,至少在舆论上能见到一些端倪。我们该如何发挥机器和程序取代不了的优势锻造成我们教育专属的铜墙铁壁,我认为有三点:

一是要时刻保持人类的"生物性"。人工智能本质是程序,是"硅基生命",而人类是真实的物种,是被认定的碳基生命。前者只是貌似有生命,而实则并没有。它所提供的任何文字与方案不过大数据之后的信息处理,毫无思想。人类最大的特征是具有情感,作为真实世界的生物,我们会为路边一朵美丽的野花发出赞叹,也会为离世的亲人悲恸哭泣,会为子女获得的成就感到自豪,也会为错失一次成长的机会而感到遗憾。我认为人工智能是没有真情实感的,即便有,也只是执行设定好的程序。其算力的日趋强大只是学习力的升级,是网络边界的延展,是核心芯片的工艺提升。然而这一切过于硬核,既无同情也无懈怠。目前的科幻范畴,诸如赛博朋克,或许只是它们最温和的画像。人类必须保持警觉与清醒,因为这些"物品"没有生命与情感。

二是要依然保持对未知世界的好奇。尽管人从出生到死亡不过百年,其间还有漫长的婴幼儿期,从零开始的求学期,对每一个生命来说,随着年龄的增长,世界都是新的,都是值得去探索的。但人工智能不一样,它们存在于服务器与网络,它们是储存式的叠加进化,它们自学的能力超过任何一种已知生命,最可怕的是它们不需要担心衰老与死亡,只要条件允许,它们甚至可以永生。即便现实可怕,我们还是要一如既往地探索世界,追溯人类文明,保持对自然与未知的敬畏,学会在宇宙万物中做一名卑微的学习者。

三是要为缔造真实而美好的世界提供源源不竭的智慧生命。人类世界从无到有,从白垩纪到现当代社会,依靠与仰仗的都是鲜活的生命,三叶虫、恐龙、猿人、人类,我们为这个世界的贡献是真实的,我们作为生物在新陈代谢、繁殖后代,在与自然共存,生生不息。人工智能是没有自然属性的,它纵使有过人的智慧,但它不会繁衍,它只会复制与迭代。人类从不迭代,我们依靠的是缓慢且漫长的进化,动辄数百万年,也只是改了某颗牙齿的功能。人工智能每天都在脱胎换骨,面目全非甚至面目可憎地改造着自我,目的不明。《失控》一书的作者凯文·凯里的科技观认为,科技不是由线路和金属构成的一团乱麻,而是有生命力的自然形成的系统,它的起源完全可以回溯到生命的初始时期,正如生物进化呈现出无意识的趋势。真若如此,教育应该即刻转型。

共同愿景:学校发展的永动机

如果说校训是一所学校永恒的精神,那么学校的愿景便是学校发展的永动机。爱迪生说过,没有付诸执行的愿景只是幻想而已。在时代背景下,想培养创新型学生,我们自己必须成为创新型领导者和教育者,必须首先自我学习,不断成长。

在一所新学校中,汇聚了大量来自不同学校的教师,既有教学经验丰富的老教师,也有刚毕业不久新入职的教师。教育的转型,关键的是实施者的教育观念转型。目前学校中推行各类改革的最大阻力恰恰来自教师这一群体。主要存在以下矛盾:"原生"的教育回忆阻碍着新理念的发生,所谓的"传统教学"成为新教改征途上的绊脚石。所谓的"原生教学记忆"是指教师本人从小到大的受教育经历,他被怎样的学校文化浸润、被有着怎样的育人理念的教师引导,在很大程度上将对教师本人产生长期甚至是终身的影响。毋庸置疑,传统的教学模式"唯分论"倾向严重,甚至成为很多学校的主流教育哲学,为了分数,牺牲学生的休息、体锻、睡眠时间;为了分数,停止艺术、活动、探究课程,且以此沾沾自喜,如同"与时间赛跑""抢人生跑道"一般自豪。为了让学生多上一节课,多讲一道题,多考一场试,而与学校管理者针锋相对,面红耳赤的老教师比比皆是。这些应试时代"顽固的遗老",必须要在新时代新课程的理念思潮中浴火重生。

还有一些"年轻的老教师"也是重灾区人群。为何如此说呢，是因为目前在上海各中小学工作的外省市青年教师不在少数。他们的成长环境与上海的整体环境还是有很大差异的，这种差异直接导致他们用曾经被教育的模式作用在现在的学生上。但是，殊不知他们其实是脱节"两层"的人群，第一层脱节是外省市部分城市乡镇与上海教育的脱节，第二层脱节是当代教育与未来教育之间的脱节。从某种意义上说，第一层的脱节更难纠正，因为儿时的经历，童年时代起的教育模式将对人影响终身。

改变可以从解读学校的办学愿景起步。学校愿景的制定阐述应该清晰、直接、易于记忆，同时能够将组织内的每一个人连接起来。要确保愿景能够实现，我们必须把使命切分成诸多每个个体都可以达成的小目标，而每一个迈向终极目标的脚步都是树立信心、提高能力的过程。当每个人都取得成功时，学校也随之受益。

在一所学校里，最糟糕的就是内部有不同的声音，校长一种声音，教师一种声音。不团结，就杂乱无章，就形不成合力，没有共同向前的动力，学校的发展就会停滞，甚至倒退。如果我们能够倾听并且尊重教师的意见，就可以与他们一道共同建构有的放矢、因材施教的学习体验，让愿景成为现实。

一个伟大的学校愿景绝不仅限于将学生的培养与分数简单粗暴地挂钩。愿景具有未来的属性，而未来属于那些先人一步看到潜在可能的人。作为校长，只有当你能向师生证明，你不是命令他们去创新，而是愿意与之共同创新时，你的工作才会卓有成效。

在我的实践中，最有效的做法就是花时间和教师一对一交流，着眼于他们教学工作的长处，而且有意强调并且明确表达他们的优秀之处。我在每个学期期初都会花很大一部分时间和每一位教师谈话，主要有两个目的，一是帮助教师们明确下学期的工作岗位、在充分知情的情况下明确工作量；二是通过交谈将学校的愿景解读给老师们听，并根据他们的自身实际情况给出一些工作上的建议；三是获得关于教师的其他信息，比如家庭困难、个人问题等，做好对教师的人文关怀。这样的谈话，经过冷静的分析能帮助教师个体与学校之间达成更好的共识。

人类行为研究者汤姆·拉思在他的著作《盖洛普优势识别器2.0》(*Strengths Finder 2.0*)中提到"那些珍惜机会，每天关注自己优势的人，对工作的投入程度大约6倍于其他人，生活质量也高出常人两倍之多"。只有教师和领导者共同努力、互相推动，才能让我们变得更加强大、高效。卓越的领导者不但能为学习者提供强有力的指导，还善于平衡给予学习者的信任和自主权。所谓领导，不一定非要指挥人们做什么或者怎么做，而是要通过提出问题、挑战既有观念推动人们深入思考、增长才干，而且不在细枝末节上指手画脚。

我们学校的办学理念是"让每一个人遇见最好的自己"，其中的"每一个人"也包括了全体教师。学校的愿景虽然是一幅远景图，但作为校长，必须要有能力构筑一条路，一条从现状通往未来的道路，只有当走上这条路的人越来越多，学校发展的动力才会越来越足。

校长要有"乘法思维"

校长是一所学校的核心人物,一位好校长就是一所好学校。诚然如此,校长对学校而言是非常重要的,他们的领导力引领着学校的变革,而有效的变革则会助力学校,为学校的长远发展筑牢根基。若要成功带领一所学校一路向前、取得卓有成效的办学成绩,离不开校长的管理思维、管理方法和管理团队。其中,我认为管理思维最为重要。思维与思想、思路有着本质的区别。我认为,思维是一种思考方式,思想是校长的智慧提炼,思路则与思维有相似之处,但表现上更具体。

校长经常需要独立做决策,这是一种挑战,校长如何脱离"单枪匹马"的工作困境?关键是校长必须要擅长做乘法。关于乘法领导者,有这样的一段阐释:"你自己有多少知识并不重要,重要的是你在多大程度上将别人的知识为己所用。你的团队成员有多少并不重要,重要的是你能够在多大程度上汲取和利用他们的智慧。"

首先,校长一定要有办学思想。校长的办学思想是一所学校的"灵魂"所在,是指导发生在学校中全部事务的行事准则。每所学校都有不同的文化机理,这种机理的形成并非一朝一夕,而是在长期的办学实践中慢慢积淀起来的,要举全校之力才能形成独有的价值观以及评价准则。这是"乘法思维"的基座,即一个系数。有了这个系数,大方向就不会偏移。关于办学思想,我认为首先要了解教育的本质,即对人的教育,是培养人适应当下的世界与社会,同时要具备传承人类智慧与美德的意识与能力,要有弃恶扬善的能力。

学校是一个物理空间的存在,而只有人才能赋予其灵气与生命。一个优秀的校长很关键,是灵魂人物,但这个岗位决不能孤立做事,它是能量的中心,会辐射也能吸引。在建校的前期,校长花很多的时间和精力来建立全校师生的共同愿景,这个愿景既是学校发展的目标,更是保障学校未来发展的方向,首任校长在这点上的使命更加强烈一些。他要高瞻远瞩地设计,不遗余力地传播,事无巨细地检验,一切都为了统一思想,减少能预计的内耗。等学校步入正轨,校长的角色开始转变了,他此刻需要变身为一块"磁铁",吸引更多有着相同价值观、与你同样优秀的人来到这所学校,大家共同来做认为是有价值有意义的事。所以,校长必须要发现、召集、培养一批有共同愿景的同伴。这些团队将会带来意想不到的"乘法效应",令事情事半功倍。

其次,校长要学会赋权。学校的全速运转无法依靠校长的一己之力,必须要组建一支由精兵强将构成的管理团队,也就是所谓的行政班子。众人各司其职是第一层境界,个人独当一面是第二层境界,校长无为而治则是第三层境界。亲力亲为的校长固然是个好榜样,但不是一个好的领导者。一个好的领导者并不是事必躬亲,而是善于让手下的人发挥作用。副校长,教导主任,政教主任,是管理第二梯队的"三驾马车",他们也是整个管理团队的中流砥柱。同时他们也是第三梯队的上级,而第三梯队主要是由年级组长、班主任和教研组长等专项业务人员组成的团队。为每一个团队负责人赋权,使其建立起自己的工作模式、组织架构、检验方式是明智做法。不要过多地参与某项具体工作,要留给下属一定的时间和空间,对年轻的团队负责人格外需要如此。扪心自问,我们经常要求自己发现和解决问题,从而为学生创造更好的机会吗?教育领域的每个人都必须成为学习者。思考、质疑、设计、创造、努力、合作、尝试、破解难题、学习等,所有这些都是发现问题、解决问题的关键特征,无论个人还是组织都应该努力践行。

对校长而言,培养下属就是一种"探究式"学习过程。他所面临的不是一件具体的事情,却是一个真实的人。当然,这里不仅重视解决问题,还强调首先要提出问题、找到问题的重要性。其中,发现问题是一种重要能力。

再次,校长要勇于担当。正如不是所有故事都有好结局一样,所有的工作也不一定会有令人满意的结果。副校长和教导主任们总有办不成事、办坏事的时候,即便他们严格按照校长的思路和方法去做,但过程中的干扰因素和突发事件也会让人措手不及,让工作不能顺利开展甚至停滞。这种情况并不罕见。此时,校长一定要敢于承担责任,必要时勇于认错。当然,内部还是需要开会反思,明确实际责任,剖析问题,提出对策,如果是能力问题那就需要制定能力提升的对策,如果是态度问题就必须要严肃批评。同时,校长自己也要检视自己的管理出了什么问题。

乘法思维,其实是一种组织智慧。它更专注于做正确的事,而不仅仅是正确地做事。作为校长,有必要将其作为一种有目的且持续影响我们日常行为的思维方式。如果我们培育这样一种文化,即所有教师都认为自己必须不断提升,有能力变得更加优秀,学校就可以无往不胜了。

户外教室：让学生直面真实社会

一排排的课桌椅整齐划一地摆放在不大的教室中，学生们一个个正襟危坐，聆听讲台上教师的谆谆教导。教室里门窗紧闭，空气浑浊，精力旺盛的孩子把教室搞成了一个热气腾腾的蒸笼。这是很多学校里时不时会出现的场景。其实，将学生禁锢在狭小的室内，受限于拥挤的桌椅之间，是很难培养出真正适应社会、拥有强大竞争力的未来之才的。这是一个严肃的话题。

丛林法则，是自然界里生物学方面的适者生存、弱肉强食的规律法则。丛林法则告诉我们实力、智慧、手段和改造或适应世界的能力将影响到国家间的竞争，人与人之间的竞争。也因此，我们的校园需要进行生态重建，让我们提供的学习环境能使学生更好地适应社会，真正成为国家最重要的核心竞争力——人才。

在学校中，普通教室、专用教室、实验室、室内体育场以及室外操场等都是比较常规的教学空间。但其实还有很多空间被忽略了，比如不太常用的绿化带和跑道的拐角，这些看似被遗忘的角落，如果能好好利用，就能"垦荒"出一片新的学习空间。可惜的是在上海很少有中小学能拥有开阔的用地，很多中心城区的学校捉襟见肘，巴掌大的地方还要物尽其用，可谓是螺蛳壳里做道场，挑战着校长们的空间规划能力。以我的观察，学校的绿化带似乎是与学生无关的——他们既不能进入其间玩耍休息,也不能被允许进去观察或者学习,因为学校规定"不得破坏绿化"。这样的校园绿化除了装饰美化环境功能,毫无他用。其实不妨放弃一些无用的绿化带,将其改造为校园内的户外教室,或者在成片成堆的绿化带中修筑几条小径,让学生能够随时探索自然,探访绿丛深处的生灵。将孩子"放"出去,让他们在安全的环境中接受"野化"训练并不是一种大胆的设想。

自然作家巴里·洛佩兹(Barry Lopez)认为:与大自然建立联系的一个基本要素是学会将动植物及其他生命形式看作主体而非客体。在大自然环境中度过充足的时间能给儿童的认知、情感以及社会性发展带来长期的益处:刺激器官发育,增进智识;培养好奇心和创造力;促进自我疗愈,提高自我认同和幸福感。教师可以引导学生从动植物的视角来观察世界,比如可以提这样的问题:"蜗牛能看到东西吗?""一只麻雀能知道些什么?"这样的问题最重要的并不是让学生理解与获得知识,而是激发并保留儿童与生俱来的想象力。其实,无论主题是阅读、数学、科学还是艺术,只要置身于大自然环境中,都会对学生产生积极影响。

古罗马的奥古斯都广场经常被当时盛行的私塾性质的中小学作为户外教室。广场上竖立的那些伟人的雕像,正好就地取材拿来做教材,这里是上课教学的好地方。只要学校建设好场地,哪怕仅仅是修整,也会吸引师生前来。在校内的这个户外教室空间可以很简单,用树桩围成一个圈即可;也可以比较复杂,头顶有遮蔽物,并放置长凳。学生在这样的户外空间里,聆听着鸟叫与虫鸣,感受着阳光与微风,在教师的带领下,观察自然万物,唤醒心底对大自然的热爱。最重要的是,他们的视野将不再囿于室内的教室,而是会带着"往外看"的视角考量、观察、探索世界,这无疑对他们大有裨益。

梭罗说,美的趣味最好在露天培养。教育同理,一位优秀的教育家一定不会把学生囚禁在狭窄的室内,而是把他们带出去,用敏锐的眼光去发现,进而提高对生活的感受力,产生动人的情感,然后才能有动人的作品。试想,在一个风和日丽的春日,学生们在自然老师的带领下来到校园里观察植物,看着经过了一个寒冬之后重新焕发生机的树木,吹弹欲破的山茶花花蕊,真实地看到了植物生长的场景,这派景象远比在书本上、课件里、图片中看到的更加生动。从有限的物理空间延伸到没有明显边界的户外教室,学生的想象力被激发,学生的思路将会被打开,思维也随之被激活。

如果每个校园都有多样化的生态系统,并配备大自然游乐场、菜园、户外教室和原生植物,情况会怎样呢?如果所有校长都乐于接受这样的理念,认同并积极尝试一切以"自然"与"学生"相结合的变革,情况会怎样呢?如果所有教师都接受过相关课程实施的培训,有能力在学校操场上教授任何科目,情况会怎样呢?

丛林法则,原本是弱肉强食的生物链竞争,其实也可映射到教育领域。充满爱与智慧的环境固然重要,但若是不接地气,没有广域的视野,没有真才实学,"捕猎"本领低下就会落后。落后就要挨打,贫穷就要挨饿,失语就要挨骂。把孩子关在一间间的标准教室里寒窗苦读,在不久的将来就是"不开化"的教育表现,而教育理念的落后,教育路径的匮乏,教育真话的缺失必定培养不出真正的人才。

浅议数字化转型下的绿色学业质量

2003年,教育部课程教材发展中心成立了"建立中小学生学业质量分析、反馈与指导系统项目组"。2011年,项目组与上海市教委联合提出10项反映学生学业质量的关键指数,称之为学业质量"绿色指标"。同年,上海市教育委员会在2011年颁布了《上海市中小学生学业质量绿色指标(试行)》的实施意见。这十项指标内容包括:学生学业水平指数、学生学习动力指数、学生学业负担指数、师生关系指数、教师教学方式指数、校长课程领导力指数、学生社会经济背景对学业成绩的影响指数、学生品德行为指数、身心健康指数以及上述各项指标的跨年度进步指数共十个方面。

虽然已是十年前的"旧闻",我依然认为这是申城关于学业质量一个里程碑式的转变。它标志着官方态度的进一步开放,即认为学业质量不再仅以分定论,而是融入了更多的评价维度、层次与指标,更为科学全面、客观理性地看待学业质量这件事。因此,通过信息化手段与教育数字化转型来促进绿色学业质量的评价是未来评价变革的趋势,以下是我的几点想法。

一是要升级学校信息化管理系统。这需要不断优化学校各类管理系统。我们设想有一套覆盖整个校园的信息互联系统,通过网络搭建和软件开发,实现教室与教室、办公室与办公室、教室与办公室之间的连接。学校各类通知发布与任务布置可以通过特定的网络渠道实现。行政办公室具有终端管理功能,教师通过电脑、平板电脑、手机及其他通信工具等能及时接收、反馈学校各类通知与要求。为了实现"无纸化"备课,可以建设校内统一的教育教学资源库,通过权限设置等进行分级管理与使用,并能通过此系统实现自动或半自动考核与评价。

二是要满足学生基于信息化素养的课程与学习需求。打造"云校园"多维度覆盖。构建数据库,记录每位学生在校及课后一切数据,并通过分析与测评为每位学生打造具有个性化的培养目标。领域涉及学生的运动指数、膳食营养、心理状态、学业成绩、个性天赋、睡眠指数等若干个维度进行全面记录与分析,并形成学校大数据库,检验学校阶段性办学成效,为下阶段的工作目标提供有力证据,也更好地配合学校育人与培养目标。

打造若干"未来实验室",如STEAM创新实验室和VR虚拟实验室等。可以结合学校已有的总课程体系,打造适合不同层次学生的创新课程。通过让孩子最大程度地接触信息化设施、设备感知高科技,从小培养孩子适应瞬息万变的未来世界。

三是要培养具有高级信息化能力的师资队伍。教师作为国民教育的专业群体,服务于国家现代化建设。有远见的学校都会致力于培养具有高度信息化素养的师资。首先,要在意识形态上使其树立现代信息化教育意识,认同教育转型时代已到来;其次,在技术能力方面要加大培训,让教师熟练操作各种系统与软件。如学校管理系统、线上教学平台、网上评价系统、信息发布系统、家校联系软件等。实现会议通知即时化、网上备课便捷化、评价客观全面化、家校联系多渠道化、教学资源共享化。全面更新教师数字化转型下的教育教学观,刷新对传统教学的旧观念,去粗存精,去伪存真,为真正实现教育信息化而努力做出改变。

四是要满足不断发展的社会对现代化办学的需求。世界已进入"互联网+"时代,社会生产的各种领域都已开始接受、适应甚至熟练使用各类信息化技术手段及互联网为提升生产效率,以达成高产出值目标。教育作为一个国家非常重要的国民基础构成,融入"互联网+"时代已刻不容缓。这既是时代的要求,也是社会的要求,更是人类自我改造的先进手段。

城市化进程的加快催生了大量高学历家长。很多家长在IT行业任职,对新兴技术及互联网有着极为敏锐的洞悉,因此也会对学校教育产生高期望值。他们理想中的学校教育应该是符合时代发展的,能培养一批具有现代化信息素养的学生。因此,学校深感通过推行数字化评价变革的重要性和迫切性。

这对广大教育工作者来说,需要科学地梳理核心素养与学生实际需求以及学校变革需要之间的关系。可以从建设儿童博物学课程、打造创新实验室、推进云课堂等项目入手,加大实践研究的力度,借助"信息技术标杆校"等项目也为未来数字化课堂模式及想象提供了更多的可能性。在构建教育数字化转型视野下的课程总体系时,要注意以不同的方式评价、联络、选择和分配学校中的诸多学科。

学业绿色质量,其初衷是为了检验学生有没有受到"收支平衡"的高质量教育,教育数字化的转型作为时代赋能则为其注入了新的力量。未来教育必定愈发有机、健康,对此我深以为然。

后 记

做一名"教育疆土"的垦荒者

在四年里连续创办两所新学校的校长为数不多,而我就是其中一位。2014年,时年34岁的我通过竞聘上岗,接手了第一所学校——九亭四小。四年后又勇挑重任,负责筹建华政附校,新学校至今已顺利运转两年。两所崭新的学校,两片等待被拓荒的教育疆土,我始终怀揣满腔的教育情怀,饱含最初的理想与信念。从"每一个孩子,每一个机会,每一天"到"让每一个人遇见最好的自己",从"仁礼、博雅、惜时、行远"到"让知道成为做到",我努力践行着自己的办学思想,坚守"只有优质的教育,才能造就优质的民族"的教育理念。

关注点一:科学规范,依法依规治校

学校严格按照国家、市教委、区教育局各类文件要求依法治校。两所学校从建校初始,就格外重视各类规章制度的建设。制度文化是学校文化的重要组成部分,也是每一所新学校必不可少的规范。合理与健全的制度是学校快速成长的基础,也是学校本体质量的关键。为此,在撰写发展规划、规章制度汇编、绩效工资分配方案等一系列核心文件过程中,我本着科学、严谨、民主的原则,积极听取教师意见,并在过程中不断优化与完善。合理的制度能让学校实现自动化运转。

关注点二：以人为本，关注教师与学生发展

我一直认为：一所好学校的重要指标是是否具有一支好的师资队伍。对学校而言，教师是第一生产力。如何做到"以人为本"，真正关注教师的需求，是核心，也是关键。在教师专业发展方面，我积极打造"卓越教师"计划，以蓓蕾工程、青蓝工程等为抓手，将校本教研作为主阵地，让不同阶段的教师获得不同的需求。

为教师搭建展示的舞台，提供"发声"的机会，令他们的教学经验、思想、主张、困惑能得到传递的渠道，让他们能将自己在工作与生活中收获的喜悦、烦恼、忧愁、骄傲得到发泄的途径，并努力做到领导关心、同伴互助、资源共享。学校为教师打造了"嘉德论坛""教研组风采展示"等，让老师在彼此经验交流中获得自身价值的实现。

关注点三：公正公平，营造和谐向上的环境

如何在短时间内获得学生、教师、家长、社会的多方认可，对于一所新建学校而言必须要上下齐心，凝心聚力，心无旁骛地往前走。如何做到人心稳定，令办学目标得到众人认可，令学校成为人人向往之地，学校则必须具备独特且强大的气场。这种气场从何而来，又如何成为学校稳定、长远发展的"保护罩"，这也是我一直以来正在探索与努力发现的。为教师创设公正公平的工作环境，为全体学生提供公平、均衡的优质教育，也是我积极贯彻落实"办让人民满意的教育"的主旨思想。

优良的学校文化是学校的隐藏财富。在制度文化、物质文化及精神文化中，精神文化是综合实力的核心。在我看来，只有一所人心向上、齐心协力、相互尊重与欣赏、相互理解与包容、处处充满正能量的学校才是一所充满希望与生命力的学校。

关注点四：务实创新，打造学校办学特色

我在校务管理、德育品牌、课程建设、教学管理、队伍建设等方面都坚持立足学校发展的切实需求，重视顶层设计，聚焦过程的扎实推进，注重工作开展的实效。我坚持学生视角，注重学生发展规律，为学生设计量身定制的学习方案，增强过程体验，重视学习效果，指向学生的终身发展，是我所追求的教育观。

为此，在校务管理上我坚信"凡事预则立，不预则废"，要有条不紊推进一所学校的发展，作为管理者必须要思路清晰、目标明确、信念坚定、执行到位、让计划真正落地，实现价值。在德育建设方面，注重学生的思想建设、心理健康与行为规范，关注其未来的社会发展性，为他们的生存、生活、生长提供道德维度的保障。在课程建设方面，强调课程的丰富性、趣味性、实用性、审美性，兼具学校发展需要的特色化与个性化，力争实现"明德崇法、勇于尝试、自信表达"的学校课程总目标。在教学管理上，注重"教"与"学"同步抓、对应抓，关注学生对学习的不同需求，培养学生的学习能力，创造更多的学习机会。在队伍建设方面，将师德与能力并重、专业性与综合素养融合，努力打造符合学校办学理念的师资梯队。

关注点五：放眼未来，完善管理细节

尽管接手新学校还不到两年，但在每一位老师的参与及配合下，我

们的学校如同一株植物一样蓬勃向上,快速成长。当然,在学校管理的过程中也会遇到一些挑战与困难。新教师的培养与发展、成熟教师的价值感打造、绩效工资的考核与申诉、课程建设特色的鲜明化、学校培养目标的细化深化,学生的综合评价等,都需要在今后作进一步的思考、探索、实践与完善。

办新学校如同创业,前路充满了荆棘与挑战。但我说:"我们不是孤军奋战,在每个人的背后都有学校的支持、同伴的帮助、家长的信任、社会的关注。这一切都将交织成一张人与人情感缔结的网,当你无助时,它会包裹你,让你温暖;当你跌落时,它会托住你,让你安全着陆;当你成为其中一员时,学校将拥抱你,彼此成为一个整体,我相信我将所向披靡,网罗世间一切的美好。"